LE POUCE ET LA SOURIS

DU MÊME AUTEUR

Le Journal d'entreprise. Les ficelles du métier, éditions d'Organisation, Paris, 1998 (épuisé).

Théorie du lien rituel. Anthropologie et communication, L'Harmattan, Paris, 2001.

Les Miroirs du Paon. Rites et rhétorique politiques dans la France de l'Ancien Régime, Honoré Champion, Paris, 2002.

À fleur de peau. Corps, parfums, odeurs, (dir.) Belin, Paris, 2003.

Violences médiatiques. Contenus, dispositifs, effets (dir.), L'Harmattan, Paris, 2003.

Le cœur Net. Célibat et amours sur le Web, Belin, Paris, 2004.

Des cultures et des hommes. Clés anthropologiques pour la mondialisation, (dir.) L'Harmattan, Paris, 2005.

Les Nouveaux rites. Du mariage gay aux Oscars, Belin, Paris, 2005.

Demain le livre ! Les métamorphoses du texte, L'Harmattan, Paris, 2006 (dir., en collaboration avec Michel Melot, directeur honoraire des Bibliothèques de France).

Pascal Lardellier

Le pouce et la souris

Enquête sur la culture numérique des ados

Fayard

Sources et remerciements

Les références statistiques citées dans cet ouvrage sont issues d'une série d'études récentes consacrées aux pratiques médiatiques des jeunes, publiées par des organismes publics (le Credoc, l'institut Médiamétrie, l'Ipsos, l'Insee) ou par *Le Journal du Net* et l'*AFOM*.

Une vaste enquête a aussi été menée pendant six mois auprès de cent trente de mes étudiants du département *Services et Réseaux de Communication* de l'IUT de Dijon (DUT et licence).

Le personnage de Jérémie, qui nous accompagnera tout au long de ces pages, est fictif. En revanche, les témoignages cités entre guillemets (avec mention du prénom et de l'âge) sont extraits des questionnaires et entretiens avec ces étudiants. Qu'ils soient ici remerciés de la disponibilité et de la bonne volonté dont ils ont fait preuve pour m'aider à analyser toute la complexité des nouveaux usages des TIC.

J'ai une pensée amicale pour les collègues et amis qui ont partagé mes « interrogations numériques » et ont accepté de relire et commenter le manuscrit de cet ouvrage. Ils se reconnaîtront.

INTRODUCTION

De la culture numérique en milieu adolescent

JÉRÉMIE, « CYBORG-ADO » ORDINAIRE

Jérémie est un mutant, mais il ne le sait pas. Jérémie est un lycéen français de 17 ans, poli et réservé. Issu de la classe moyenne, il vit avec sa mère dans une grande ville de province. Poursuivant une scolarité sans histoires, il entrera bientôt à la faculté, avec pour ambition de devenir vétérinaire. Un mutant, Jérémie, vraiment ? Pour ses parents, séparés, et les amis de ceux-ci, il est presque un Martien ; ou plutôt un *cyborg*, ce robot bourré d'électronique des œuvres de science-fiction, popularisé par *Matrix*, film-culte de sa génération. Car Jérémie est toujours muni de son I-Pod et de sa clé USB * (*cf.* le lexique en fin d'ouvrage), qui pend comme une amulette à son cou, et qu'il arbore comme un trophée. Surtout, il a en permanence en main son téléphone portable, merveille de technologie qui est bien plus qu'un *Tamagotchi*, ces petits « animaux » électroniques et capricieux qu'on apprivoisait dans les années 1990. Toujours branché sur la fonction vibreur, placé tout contre sa cuisse ou son cœur, son mobile fait presque partie de lui. N'est-il pas en quelque sorte sa mémoire vivante, le siège de ses émotions, ce fil invisible et puissant qui le relie au monde ? Son meilleur ami numérique, assurément. Avec les adultes, Jérémie est toujours là sans y être. Il discute distraitement, tout en pianotant frénétiquement sur les touches lumineuses du minuscule clavier. On le lui reproche, bien sûr, « mais c'est plus fort que lui ». D'ailleurs, il porte presque toujours son oreillette, qui tressaute sur sa joue, et le relie tour à tour à ses amis, ou à sa banque musicale. Il est ici et ailleurs à la fois, dès qu'il a le casque sur les oreilles ; « dans son monde », comme dit sa mère, fataliste. Là, la communication est coupée. Et pourtant, il sourit, il a l'air heureux ainsi.

Son mobile fait de Jérémie un vrai nomade. Ne lui permet-il pas de garder le contact permanent avec sa bande d'amis, via l'envoi incessant de messages qu'il laisse en boîte vocale, de petits textes (les SMS*) et, parfois, d'images (les MMS*) ? Sur ce portable, il regarde ses dizaines de photos archivées, et même de courtes vidéos. Il télécharge aussi ses sonneries préférées, enregistre des voix, des ambiances. Et il échange ensuite tout cela avec ses amis par faisceau infrarouge, comme on échangeait jadis des agates sous les préaux.

La nuit, sous la couette, Jérémie lit et relit les dizaines de messages cryptés dont Mélanie (sa petite amie) l'inonde. Trente ou quarante SMS par jour entre eux, parfois ; jusqu'à en avoir des crampes dans les doigts. Son préféré reste une déclaration enflammée – la première – qui lui fit venir le sang aux tempes : « JTM BB » (pour « Je t'aime, bébé »). C'est tellement plus simple ainsi...

Surtout, ce merveilleux ami numérique lui permet de tromper l'ennui des transports, d'égayer l'attente à la cantine et, accessoirement, de s'enfuir des cours fastidieux, par la pensée et les doigts. Sous la table, discrètement, il envoie des textos remplis de *smileys** à ses copains, qui sont à trois bureaux ou à un étage de là. Chaque mois, il « explose » son forfait, mais bon... Quand on aime, après tout, on ne compte pas. Et puis le budget livres et musique de Jérémie est désormais inexistant, et c'est là qu'il fait les économies. « Pourquoi acheter des livres et des CD, quand il suffit de "copier-coller" sur Google, ou de télécharger sur Kazaa !? » avoue-t-il en toute candeur.

Pour le reste, Jérémie consacre plusieurs heures par soirée à *chatter* sur MSN, cette messagerie instantanée qui réunit des millions d'ados comme lui. Il a ainsi des amis virtuels aux quatre coins de la ville et de la planète. Il possède aussi son blog, petite vitrine intime projetant ses réflexions, ses passions, ses photos de vacances et ses états d'âme sur l'écran géant du Net. Il l'actualise régulièrement et ne manque pas de lire les commentaires envoyés par les uns et les autres. Enfin, Jérémie joue en réseau un week-end sur deux avec des copains. Se nourrissant de pizzas et de chips comme un authentique *nerd** américain, il devient derrière son écran un guerrier impavide qui massacre allégrement les ennemis de l'Occident.

Ces séances de jeux se déroulent de préférence chez son père, à qui il rend visite tous les quinze jours. Cet homme très occupé (il est informaticien dans une grande banque) supervise de loin les plans de bataille, conseillant même son fils sur les stratégies à adopter. Et c'est ainsi qu'une *Pax numerica* singulière et intergénérationnelle se noue, au milieu du crachotement des mitraillettes et des flammes virtuelles.

Jérémie parle maladroitement avec les filles de son âge, et peu avec sa mère. En revanche, il lui envoie des SMS depuis sa chambre quand il *chatte*, pour savoir si le dîner est prêt ! Il n'a presque pas de contacts avec ses profs, et se désintéresse désormais du vieux chat Maurice, qu'il adorait pourtant quand il était enfant. Les livres... ? Des BD, à la rigueur... La télé... ? Il la regarde, bien sûr, mais de loin. Et son verdict est sans appel : « C'est trop ringard... »

Finalement, Jérémie passe plusieurs dizaines d'heures par semaine à dialoguer (le plus souvent par écrit), ou à jouer grâce à toutes ces prothèses électroniques que constituent son téléphone et ses ordinateurs, connectés en haut débit au Réseau. Des dizaines d'heures...

Ils sont des millions d'adolescents comme Jérémie. Tous appartiennent à une génération *révolutionnaire*, car porteuse d'une manière de penser et d'écrire, d'un mode de rapports aux autres, et, finalement, d'un modèle de société inconnus de leurs parents. Et inimaginable il y a encore dix ans.

Oui, Jérémie est un mutant, dans ses manières sociales, culturelles et relationnelles.

FRACTURE, VOUS AVEZ DIT FRACTURE ?

Le thème de la fracture est à la mode. Et après les fractures sociale, numérique et linguistique, voici que se profile la fracture générationnelle. Éditorialistes et essayistes commentent les difficultés de plus en plus grandes qu'auraient adultes et ados à communiquer et à se comprendre. Il est clair que, si les technologies d'information et de communication (TIC*) ne sont pas la cause première de ces difficultés, elles les entérinent et les accélèrent.

Fracture générationnelle, donc, mais comportementale, par extension. Car s'ils ne sont pas les seuls à utiliser les nouvelles technologies de communication* (leurs parents étant désormais bien équipés), les jeunes ont investi les machines à communiquer avec un tel engouement que cela modifie leur être social, et aussi leur psychologie. Dans les lieux publics, dans les files d'attente, dans les transports en commun, ces ados outrepassent désormais les traits grossiers de leurs propres caricatures, tant ils semblent investis dans la relation à la machine, tant ils manient ces TIC avec aisance et naturel.

Un opérateur français révélait récemment que 80 % des utilisateurs de mobile n'utilisent que 20 % des fonctionnalités de leur appareil. Il va sans dire que cette statistique ne concerne pas les ados.

« Pour bien des adultes, la manie du téléphone portable et des échanges sur Internet* par les jeunes est peu compréhensible. Au mieux elle est jugée inutile et coûteuse, au pire elle est taxée de quasi pathologique, comme si elle s'était substituée aux relations en face à face[1]. » Fracture générationnelle, disais-je. Ainsi va la vie des ados de 2006, la vie de Jérémie et de tous ses amis « hyperconnectés ».

D'UNE RÉVOLUTION À UNE AUTRE...

De la misère économique, morale et sexuelle en milieu étudiant... Qui se souvient encore du titre du manifeste qui mit le feu aux poudres de la colère estudiantine, en mai 1968 ? Ce petit libelle hâtivement reprographié rassemblait les doléances des étudiants de manière maladroite et un rien ampoulée. Mais sa lecture embrasa le Quartier latin, pour une révolution qui n'en fut pas tout à fait une. Et, indéniablement, la France connut un « avant- » et un « après- » Mai.

Presque quarante ans plus tard, il convient de s'atteler de manière urgente à la rédaction d'un autre opuscule, qui pourrait s'intituler : *De la culture numérique en milieu adolescent*. Pas un appel à la mobilisation et à l'action, cette fois, mais plus sobrement un mode d'emploi, un guide expliquant les tenants et les aboutissants de cette nouvelle révolution en marche.

1. Dominique Pasquier, *Cultures lycéennes. La Tyrannie de la majorité*, La Découverte, Paris, 2005, p. 114.

C'est à cette tâche que nous allons nous livrer dans ces pages. Car, on l'aura compris à travers l'exemple de Jérémie, c'est bien une révolution que notre société est en train de vivre en ce début de siècle. Elle a commencé dans les esprits et ne touche plus seulement les étudiants citadins, comme en 1968. Presque aucun de nos 10-18 ans n'est tenu à l'écart de cette lame de fond, technologique mais pas seulement.

Les révolutions sont d'abord affaire de sémantique. Les totalitarismes changent les termes pour changer la réalité. Cette fois, de nouveaux mots inventent un réel qui n'existait pas auparavant. La révolution numérique actuelle tient d'abord dans un ensemble de noms de codes qui interroge et inquiète les parents, les renvoyant souvent à leur ignorance : USB et MP3, ADSL*, WWW et *chat** (à prononcer *t'chate*), MMS* et MSN*, *peer to peer**, MMORPG et *PS* 2 à l'avenant.

La liste est loin d'être exhaustive. Et derrière chacun de ces sigles se cache un objet technique ou une technologie sans lesquels il semble désormais impossible aux adolescents de vivre. Car ils passent leurs journées (quoi qu'ils fassent par ailleurs) un téléphone portable dans une main, un clavier d'ordinateur à portée de l'autre et un casque sur les oreilles. Alliance du « pouce et de la souris », pour la première génération des « connectés H 24 ».

Ce ne sont pas seulement les moments de détente et de loisir des jeunes qui se trouvent affectés par l'intrusion récente et massive de ces TIC. Le temps passé en interface avec les machines à communiquer n'est plus utilisé ailleurs, bien sûr. Lecture, scolarité, pratiques sportives, mais aussi vie familiale et sociale, sommeil et alimentation subissent les conséquences de la *reconfiguration* du quotidien imposée par ces technologies. Celles-ci sont exigeantes, dans l'attention qu'elles réclament et la tension qu'elles imposent. Le *chat* ou les jeux en réseau* sont des passions quasi exclusives. Elles ne partagent pas leurs adeptes avec l'extérieur. Il faut être tout à la machine, si l'on peut dire. Ces technologies paradoxales relient aux autres, mais déjà, et avant tout, elles lient à elles. « Tyrannie du branchement » et obsession du lien symptomatiques d'une époque, sur lesquelles nous reviendrons bientôt.

Jérémie ne possède pas les mêmes références culturelles que ses parents. Son rapport aux médias traditionnels (dans lesquels on inclut le livre), sa relation aux autres, à l'information et au divertissement ne sont pas ceux de ses prédécesseurs. Les médiations techniques très ludiques des écrans à travers lesquels il perçoit le monde inventent des codes nouveaux. Mais elles induisent aussi une grille de lecture de ce monde radicalement différente des précédentes. L'orthographe et la notion d'identité, la culture, les civilités, le rapport au corps, au temps et à l'espace sont bouleversés par la révolution numérique. Ainsi, Jérémie et ses amis, très jeunes ados en 2001, furent capables de (dé)tourner en dérision les images du 11 Septembre et de les faire circuler en boucle sans penser à mal, car, quelques années plus tard, ils se mobilisèrent sincèrement via la Toile, encore, pour venir en aide aux victimes du tsunami. Belle confusion des sentiments, instituée par la communication virale propre à l'ère cybernétique.

Cette déflagration, qui recèle sa part d'ambiguïté, touche au premier chef les ados de ce début de siècle. Mais ils sont déjà les adultes de demain. La société du (proche) futur, ils la concevront, et la construiront, avec ce qu'ils apprennent et savent des TIC. Or, une société prend naissance et sens dans les rapports que chacun noue avec ses semblables, proches ou lointains, intimes ou inconnus, avant d'exister dans les règlements et les constitutions.

En moins d'une décennie, l'avènement conjugué d'Internet, de la téléphonie mobile, des supports numériques et leur mise en réseau généralisée ont provoqué des bouleversements sans doute irréversibles dans l'accession aux savoirs et le statut des relations. Beaucoup de celles-ci, désormais virtuelles, sont devenues des RAO, des « relations assistées par ordinateur ». Les institutions sont toutes touchées par cette lame de fond, et aucune n'en sortira intacte.

Mais il ne saurait être question ici de plaquer trop de technologique sur du vivant. Car, invariablement, le social, que l'on veut parfois cacher un peu vite derrière les machines, revient au galop, pour demander des comptes. Et toutes les contradictions d'une époque se rencontrent là. N'est-ce pas souvent parce qu'ils sont seuls en arrivant chez eux après la classe que des centaines de milliers d'ados se retrouvent aussitôt sur MSN ? Et le formidable essor des technologies sociales est aussi à chercher dans certaines déshérences familiales, quel que soit l'indéniable attrait relationnel des messageries instantanées. Selon Quentin, 18 ans : « Les jeunes ont autant investi les TIC, car, grâce à elles, ils se sentent moins seuls. Et puis ainsi ils sont *aware*, à la mode ! Et ça, c'est vraiment important pour les ados. »

Dans les arcanes du Réseau, les ados *chattent* et jouent à en oublier de dormir. Ils s'engouffrent dans de nouveaux mondes fascinants, paradis plus tout à fait artificiels, puisque numériques. Là, les frontières du corps et de l'identité s'estompent, pour réapparaître plus conformes à leurs désirs secrets. Mondes doubles, en abyme, où tout est jeu, comme chez Alice. Pour les ados, les réseaux sont une *utopie* (déjà, étymologiquement, un « non-lieu »). La Toile est surtout un formidable Eldorado relationnel, qu'ils préfèrent de plus en plus à la vraie vie, morne et contraignante. Ces univers virtuels proposent de superbes échappées belles à leur ego, sous la forme des blogs* et des forums. Se rencontrer, peut-être pas tout de suite. Mais se raconter, se mettre en mots, en images, en scène, finalement, ça, oui ! Pour Benoît, 19 ans : « La plupart des jeunes aiment bien se cacher derrière les TIC, il y a donc une question de pudeur aussi. » J'évoquerai plus loin les écrans numériques comme formidables hygiaphones sentimentaux. Une sociabilité au rabais guetterait-elle alors les jeunes générations ? Oui, si l'on oublie que, parfois, il faut débrancher et passer de l'autre côté de l'écran, pour aller voir les « vrais gens dans la vraie vie ».

Et il est vrai que beaucoup d'ados ne voient plus le monde et les autres qu'à travers les écrans, non plus de télévision, mais d'ordinateurs. Avant de s'inquiéter de cela, il faut comprendre l'extraordinaire pouvoir exercé par le Net et ces TIC, qui confèrent aux ados des facultés presque magiques, tout en les mettant à l'abri du regard et du jugement d'autrui.

C'est dans ces mondes parallèles si confortables que nous allons suivre Jérémie et ses amis.

DES SOURIS ET DES JEUNES

Il n'est pas sûr que Jérémie lise cet ouvrage. Car un livre n'est plus pour lui un objet vraiment familier. C'est un OCNI, un « Objet Culturel Non Identifié ». On touche du doigt une rupture générationnelle dans ce constat brut, et brutal sans doute pour ses parents et ses profs. Un livre ? Pour lui et ses amis, c'est lourd, linéaire, austère, inerte. Bien moins *fun* selon ses dires que ces petits écrans colorés qui clignotent et vibrent à tout moment, tenant à la fois du doudou et de l'animal domestique, sans leurs inconvénients.

Austère, le livre ? On ne peut pas qualifier la chose de manière plus impitoyable que Maxime, 17 ans : « Les bouquins, pour moi, c'est trop long, c'est vraiment pas intéressant. C'est pas assez technique, par rapport aux sites *web*, où là y' a les effets spéciaux, les sons, tout ça... »

« Je ne lis pas parce que je n'aime pas l'environnement sans bruit, ça m'effraie un peu. Et je n'ai pas été habitué à lire », nous confie quant à lui Yoann, 19 ans. Damien, même âge, surenchérit : « Les livres m'endorment ! » Sans appel. Sarah, du haut de ses 17 ans, est péremptoire : « Les jeux risquent de remplacer peu à peu les livres. De moins en moins de jeunes aiment lire. » Quant à Rémi, 19 ans, il préfère en rire : « Les livres, ça me donne mal à la tête, et pas mon ordinateur... Allez savoir pourquoi ! »

Ces pages s'adressent précisément aux parents et aux profs. Il importe de leur donner des clés pour comprendre cette révolution silencieuse qu'est en train de vivre la jeunesse dont ils ont la charge. Un fossé se creuse souvent avec les adultes, lors de l'entrée des adolescents dans ce que l'on appela longtemps l'âge bête. Ce fossé est maintenant d'autant plus important qu'à l'éclatement et à la recomposition de nombre de familles s'ajoute cette impression de ne plus parler la même langue, de fonctionner sur des codes totalement différents. Et pour cause, la génération de Jérémie, qui a oublié d'être bête, a l'intelligence au bout des doigts (mais pas seulement là). Elle est détentrice d'une culture numérique qui s'invente au jour le jour. Face aux machines à communiquer, les jeunes sont plus mûrs et bien moins dupes qu'on ne le croit quand on regarde tout cela de l'extérieur. À leur décharge, ils n'ont pas suivi d'apprentissage leur permettant une utilisation raisonnée de ces

TIC. Ce sont des autodidactes, qui tâtonnent et expérimentent, avec une bonne part d'intuition. Ils se repèrent vaillamment dans une véritable jungle technologique au seuil de laquelle campent nombre d'adultes, effrayés de s'y aventurer.

Autodidactes, disais-je... ? 80 % des 130 jeunes que j'ai interrogés savent concevoir un site Internet, créer un blog, retoucher des photos, faire du montage numérique, télécharger bien sûr. Et une écrasante majorité a acquis cette technicité toute seule ou entre copains, en « bidouillant », en expérimentant.

Mais on ne peut réduire la « culture numérique des ados » à son seul versant technique. Il y a aussi les contenus, les manières d'être, et un nouveau regard porté sur le monde. Cette néo-culture ne goûte guère La Fontaine. Mais elle prend sa source dans de drôles de machines qui prolongent le corps et l'esprit, pour donner des contours nouveaux à l'identité. Et, dans les réseaux dynamiques qui interconnectent les écrans des téléphones et des ordinateurs, ce sont tout à la fois les autres et le monde qui s'engouffrent, pour donner un autre sens aux relations. Alors, socialité de seconde zone, ou enfin libérée des pièges de l'apparence ? À voir.

Ce qui déconcerte aussi, avec cette nouvelle culture numérique, c'est qu'elle évolue extrêmement vite, à mesure que les produits progressent et s'améliorent, et que de nouvelles générations de téléphones et d'ordinateurs arrivent sur le marché, rendant obsolètes les nouveautés d'hier. Car « le numérique n'offre aucune garantie de pérennité. Il est voué à s'adapter constamment aux évolutions impitoyables de la technologie en marche[2] ».

La communication, c'est d'abord un marché, avec ses parts – surtout d'ambiguïté. Si les ados et maintenant les enfants sont de gros consommateurs de nouvelles technologies et de leurs maints produits et services dérivés, c'est d'abord parce qu'une idéologie ambiante à la propagande massive et des multinationales les y poussent sans scrupules. Face à tout cela, quelle est leur position ? Les très jeunes (8-13 ans) sont « à fond les manettes dans MSN et tout ça, dit Sonia, 16 ans. Je vois ma petite sœur de 12 ans, c'est grave. Le soir, la nuit, MSN, MSN... Je lui dis, tu perds ton temps, c'est nul, sors un peu, débranche, mais non, MSN... Là-dessus tu rajoutes son blog, c'est bon, elle ne sort plus de sa chambre... » Mais un peu plus tard, dès 14, 15 ans, ils prennent un recul critique et même politique par rapport au *marketing* forcené des opérateurs et autres fournisseurs d'accès. Ce qui ne les empêche pas de rester, quoi qu'ils en disent, « hyper-connectés ». Selon Thibaut, 18 ans, « le succès de toutes ces technologies, c'est parce qu'il est plus facile de s'exprimer avec un clavier qu'en face à face. Et parce que cela leur simplifie la vie, aux ados. Et naturellement, en bons consommateurs, ça les rend heureux ».

Clément, 19 ans, est encore plus radical : « La réussite des TIC, c'est l'esprit purement capitaliste couplé avec l'évolution des technologies. Et les

2. Jean-Noël Jeanneney, *Quand Google défie l'Europe*, Mille et une nuits, Paris, 2005, p. 89.

jeunes suivent en se disant qu'ils appartiennent ainsi à une tribu, comme les pubs le leur font croire. » Raoul, 18 ans, complète et résume : « Moi, au début, c'était vraiment une drogue. Après, ça a été un passe-temps. Et, maintenant, c'est juste un outil. » Mais intégrer cette gradation raisonnée prend du temps. Les quelques années qui vont de 12-13 ans à 17-18 ans environ.

Pour les ados, on le voit, mais pour le sociologue, aussi, il est difficile de parler *objectivement* de ces TIC qui constituent le cœur de notre sujet, et plus particulièrement d'Internet. Son irruption très récente, son omniprésence, d'ores et déjà, par son intrusion dans tous les domaines de la vie publique et privée, ainsi que les promesses dont il est porteur, amène les essayistes à adopter un ton exalté ou au contraire alarmiste, voire catastrophiste. Car une passion typiquement française oppose les « technophobes » aux « technophiles », comme elle déchirait jadis les Anciens et les Modernes. Ainsi le Net est-il décrit par certains comme le visa obligé pour un nouvel Eldorado, ce « village planétaire » (McLuhan) hors duquel il n'est point de salut. Mais le Réseau est *a contrario* décrié par d'autres, qui voient en lui le vecteur d'une nouvelle aliénation, qui fabriquerait des êtres schizoïdes, tout en accroissant les inégalités sociales, économiques et géopolitiques. Il faut savoir raison garder. Car le social est par nature complexe et mouvant, quoi qu'en pensent les pythies et les experts, qui se payent de certitudes.

Ce livre n'a ni sponsor ni ennemi. Quitte à décevoir, je ne prendrai pas délibérément parti pour ou contre les TIC. Là n'est pas la question. Nous nous trouvons devant une révolution dont il importe d'abord de comprendre les tenants et les aboutissants, afin de l'accompagner au mieux. Les choses évoluent vite actuellement. Cette étude sociologique n'est pas saturée de chiffres et de pourcentages, car les statistiques sur ce sujet sont déclassées dès qu'elles sont publiées.

Enfin, point de prospective dans ces pages. Je suis sociologue, pas ingénieur *R&D* chez Nokia. Avant de vaticiner sur la société de 2010 ou de 2015, essayons déjà de comprendre celle de 2006, *hic et nunc*. Il y a dix ans (voire bien moins), *blog*, *MSN* et *SMS* et *Meetic* étaient des mots, des marques et des sigles inconnus. Quel analyste en prédisait l'essor ? Aucun à ma connaissance. Et telle une météore, *Napster* est apparu pour disparaître aussitôt. Il me semble qu'il faudrait donc un certain aplomb pour conjecturer sur le moyen terme de nos lendemains numériques.

La vraie métamorphose caractérisant nos sociétés postmodernes est d'abord celle de l'accélération sidérante du temps, et du rythme auquel tout vient à nous. Les TIC contribuent pour beaucoup à cette accélération. À notre sens, il importe donc davantage de donner des clés pour décrypter, plutôt que de juger, condamner ou célébrer béatement les TIC.

Nous allons simplement – mais c'est déjà difficile ! – essayer de comprendre ce qui se passe « dans leurs têtes », quand les ados *chattent*, quand ils *surfent,* quand ils pianotent frénétiquement sur un clavier de portable. Ils prennent un plaisir extrême, apparemment, à ces jeux *inter-dits.* Mais plaisir du texte, ou du contexte ? Et où se situe l'origine de ce plaisir ? Cette frénésie à communiquer et à être *relié,* coûte que coûte, ne masque-t-elle pas des angoisses diffuses ?

Damien, 19 ans, a l'air sans illusions : « Le succès des TIC auprès des jeunes ? L'attrait de la nouveauté, l'illusion d'être toujours ensemble, parler pour ne rien dire, et évacuer quelque chose... Et puis le matraquage publicitaire auquel les jeunes sont vraiment trop sensibles. »

Enfin, quelle influence exercent ces TIC sur le « lien social », ce nouveau mantra politique et sociologique ? Comment le renouvellent-elles, lui inventent-elles des formes virtuelles et néanmoins bien réelles... ? Comment les relations familiales, économiques, citoyennes et pédagogiques traditionnelles vont-elles se trouver métamorphosées par leur entrée dans l'ère des réseaux immatériels ?

Cet ouvrage se divise en deux parties. Dans un premier temps, nous nous intéresserons au soubassement idéologique et commercial qui nous pousse à *consommer* coûte que coûte de la communication. C'est d'abord notre autoproclamée « société de communication » qui nous enjoint d'être connecté en permanence, qui a fait des TIC des porte-étendards d'un certain modèle social, fondé sur la transparence, l'ouverture et le progressisme à tout crin, la convivialité, la permanence du lien (avant tout technique). À défaut de dénoncer tout cela, il faut au moins l'énoncer.

Ensuite, nous entrerons dans les arcanes de cette culture numérique des ados. Quelles sont ses spécificités ? Comment renouvellent-elles (ou révolutionnent-elles) les relations ? Et comment les claviers et les écrans parviennent-ils à créer des dépendances et des comportements compulsifs ? Nous verrons que l'utopie relationnelle des TIC possède aussi son versant sombre.

Puis il sera question des usages sociaux des TIC pour le « peuple adolescent ». Google, le téléchargement de musique, la *blogmania*, la « folie MSN », le « parler texto » ou les cyber-addictions, entre autres.

Autant de sujets qui intéressent les parents et les éducateurs, le sociologue, le législateur et même le politique. Autant de questions que pourrait se poser l'honnête homme voltairien s'il débarquait dans le monde hyper-connecté et à « haute valeur numérique ajoutée » de ce début de siècle.

Très chers ados…

Jérémie, 17 ans, est encore un de ces très chers ados, objets de toutes les attentions dans notre société qui a inventé au milieu du XXe siècle cet âge intermédiaire, cet « entre-deux » trouble et flou. Dans nombre de sociétés et à d'autres époques, en effet, des rites, des responsabilités conférées ou des départs marquaient le passage direct de l'enfance à l'âge adulte (service militaire, première chasse, menstruations, mariage…).

Et puis vint l'adolescence. Elle prit longtemps en charge les « 12-18 ans », pour s'étirer maintenant à n'en plus finir. On y entre de plus en plus jeune, et on en sort de plus en plus tard. Ainsi, on parle maintenant de « pré-ados » et, pour faire bonne mesure, de « post-ados » (ce qui doit à peu près correspondre aux « pré-adultes »). Plus fort encore, sociologues et magazines ont découvert récemment les « adulescents », ces trentenaires désenchantés, effrayés par tout ce qui ressemble à la maturité. Leurs loisirs sont régressifs à l'envi, étonnamment puérils. Car danser sur du Chantal Goya, déguisé en Casimir avec une sucette en bouche, voici le Saint-Graal de ces « adultes enfants » qui assument leur immaturité et fascinent les médias, toujours gourmands de momeries.

Les « ados », qui sont 5 à 6 millions en France, suscitent des débats passionnés. Ils sont un sujet tout à la fois d'inquiétude, d'interrogation et de convoitise. Et on ne compte plus les ouvrages et les enquêtes sur leurs modes de consommation, leurs pratiques culturelles, le rapport comparé à leurs parents, à leurs profs, à leurs amis, à leur avenir. Des Cassandre clament haut et fort la chronique d'une catastrophe annoncée, face à la déshérence culturelle qui caractériserait la jeune génération.

Mais, en dehors des essayistes et des spécialistes des questions d'éducation, ce sont surtout les marques qui ont pour nos chers ados les yeux de Chimène. Car ils consomment allégrement et sans compter. « Habillés par les marques, de la musique plein les oreilles, de la télé plein les yeux, le portable et la souris à portée de main, ils sont tout à la fois une cible très courtisée, et moins matérialistes qu'on pouvait le craindre[3]. » Et leur consommation, symbolique et ostentatoire, achète des signes avant d'acheter des services ou des objets. Les phénomènes, moins contradictoires qu'on ne pourrait le croire, de mimétisme et de différenciation jouent à plein. Cela exige un renouvellement accéléré des attributs quasi tribaux, qui vont du dernier I-Pod aux baskets branchées, et de la

3. Marc Jézégabel, « Ados. Enquête sur une génération insaisissable », *Télérama* n° 2760 du 4 décembre 2002, p. 12.

casquette à la série d'accessoires péri-scolaires, tous *indispensables* pour être *considéré* et intégré. Il va sans dire que ce sont les firmes qui se frottent les mains, devant ce mouvement perpétuel, perpétuellement lucratif.

Dans l'enquête que j'ai menée, le mimétisme est le plus souvent évoqué pour expliquer un équipement aussi massif en TIC. « J'acquiers le dernier téléphone pour faire comme les autres », revient comme une antienne. Quentin, étudiant de 17 ans, résume la chose ainsi : « Dès le collège, dingue comment les gamins sont accros à leur téléphone, à leur USB à musique, et comment il faut sans arrêt qu'ils comparent tout ça. Pire que pour les fringues maintenant. J'ai le nouvel I-Pod, j'ai le nouveau Nokia, et moi je mate la télé sur mon portable, et moi je *chatte* sur MSN dans la cour. La course en avant, la guerre froide. La qualité de l'image est nulle, c'est lent, ça rame, mais ils sont contents, les autres sont autour. Le pauvre qui n'a rien, complètement déclassé. Il n'existe même pas. Mais tout ça, c'est un peu pathétique. Et où ils trouvent l'argent, alors là, mystère... » Selon Marie, 18 ans : « Moi, le mobile, moins je m'en sers, mieux je me porte. Mais c'est rare de dire ça. En fait, sans téléphone portable, d'une certaine manière, on est exclu socialement par rapport aux jeunes de notre âge. » Les opérateurs le savent bien. Ils font vibrer la fibre tribale, en créant des clubs et des forums, qui rassemblent les adeptes d'une marque ou d'un produit toujours nouveau, et bien meilleur que le précédent, cela va de soi...

Cet âge reste celui d'un certain mal-être, d'une quête diffuse et souvent confuse des premières expérimentations, d'expressions de ce que l'on est ou de ce que l'on voudrait être, alors que l'on se transforme et que l'on mue.

Car, pour les ados, le cœur du problème, c'est le corps. Au jour le jour, il se sexualise. Et les ados de 2006 jaugent et jugent leurs corps à l'aune des miroirs médiatiques, déformants et intimidants. Ces médias érotomanes (*cf.* la « télé-réalité ») et le système publicitaire, surtout, leur donnent pour modèles des corps sublimes qui ne sont souvent que des artefacts (car recomposés par l'informatique ou la chirurgie). Mais qui le sait, et qui s'en soucie ? Remarquons en aparté que, grâce aux TIC (et notamment à Internet), les ados peuvent s'affranchir de leur corps, le mettre en mots et en photos (souvent parodiques, car « retouchées »), en faire un objet fantasmatique ludique et dédramatisé. D'où le succès de ces nouvelles technologies : elles font opportunément *écran* devant la pesanteur des corps, tout en permettant de contrôler l'image que l'on donne de soi, et, par extension, la relation même. Selon Justine, 18 ans : « Je pense que les jeunes ne sont pas sûrs d'eux et qu'ils sont mal dans leur peau. D'où la solution : communiquer sans se montrer... » Nicolas, 18 ans également, surenchérit : « Les jeunes ont souvent des complexes physiques. Ces technologies permettent de “tricher” à un âge où l'on n'arrive pas forcément à se trouver. »

Au milieu de la zone de turbulences identitaires qu'il traverse, l'ado ressent le besoin d'être rassuré sur ce qu'il est, et sur ce qu'il sera (même s'il s'en défend par bravade ou pudeur). Jérémie et ses amis éprouvent des besoins profonds d'appartenance, de reconnaissance et de différenciation, surtout. Pour Adrien, 18 ans : « Le succès des nouvelles technologies auprès des jeunes... ? Certains se sentent isolés à l'extérieur, alors que sur Internet tout le monde est ami ! Ils se sentent considérés sur le Net... » Et pour Simon, 20 ans : « Les ados adorent les TIC. Grâce à elles, ils se sentent aimés, intéressants, moins seuls. »

Car il faut se montrer différent de l'enfant que l'on n'est plus, et de l'adulte que l'on n'est pas encore. Alors, les ados sont devenus – notamment pour le *marketing* – une tribu, avec ses codes, ses looks, ses rites, ses langages et ses objets fétiches. Un profond besoin de parole accompagne toutes ces métamorphoses. Une urgence à s'exprimer sur laquelle surfent les « radios jeunes », Skyrock en tête. Mais le Net est devenu en très peu de temps un refuge identitaire pour des millions d'ados, qui mettent sur MSN leurs maux en mots, et leurs rêves en images. Et sur ce territoire, « leur » territoire (ne disent-ils pas symptomatiquement « on va sur MSN, ou on se retrouve sur MSN » ?), ils traquent précisément tous les signes distinctifs fondant leur communauté : « parler jeune » et « langage SMS », dérision généralisée, jeux en boucle et en réseau, prisme technique qui voile et exacerbe à la fois...

LE NET, HYGIAPHONE SENTIMENTAL DES ADOS

Sans trop inférer sur la suite du propos, on peut d'ores et déjà se demander pourquoi la « greffe des TIC » a pris de manière si rapide. Ces « technologies sociales », en fait, instaurent la culture du contact en même temps qu'elles instituent le culte du lien à tout crin. À un âge où le besoin d'appartenance est important car structurant, ces TIC sont providentielles. « Car, quand je m'ennuie à la maison et que je vais sur MSN, il y a toujours quelqu'un avec qui parler », nous confiait Héléna, 13 ans – quelqu'un qui lui ressemble, de surcroît, une adolescente porteuse des mêmes questions, des mêmes peurs, des mêmes espoirs. Cédric, un peu plus âgé (18 ans), ose une explication : « Les jeunes recherchent un lien affectif perdu dans certaines familles, à cause de la société de consommation. » Et MSN, qui reconfigure à certains égards la cellule familiale, doit beaucoup à la recomposition de celle-ci.

On perçoit en arrière-fond que les ados ont là le sentiment (ou l'illusion) d'être importants et, surtout, l'idée qu'ils sont aimés et compris, que quelqu'un pense à eux. Derrière l'écran et bien protégés par lui, ils peuvent aller bien plus loin dans la libre expression qu'à l'école. Là, ils parlent en permanence sous le contrôle du groupe, en s'autocensurant. Et puisque les (très) jeunes passent leur temps à se dire « qu'ils s'adorent » sur Internet, ils apprivoisent et dédramatisent l'expérience amoureuse, tout en se sentant confusément appartenir à une communauté spécifique.

L'adolescence était encore récemment définie par rapport à des critères physiologiques et sociaux. Elle était déterminée par les « blocs scolaires » (primaire, collège, lycée) qui imposaient *de facto* des changements de goûts, de discours et d'attitudes. De plus en plus, elle est maintenant construite par des facteurs économiques et surtout technologiques. Les TIC redessinent cet âge-charnière, tout en inventant de nouveaux rapports. Or, l'adolescence, c'est un état, mais aussi un certain type de relations aux autres, à ceux qui sont semblables, et à ce qui est différent.

Pour se préserver de ces turbulences, reste le cocon de la chambre, ce mini-territoire sanctuarisé au sein de l'espace domestique. Cet « entre-deux » paradoxalement ouvert et fermé est entièrement dévolu aux jeux, au culte des idoles, ainsi qu'à la mise en scène de l'ego, *via* la vitrine flatteuse des TIC, MSN et blogs.

C'est ce que les Anglo-Saxons appellent la *bedroom culture*. Le cas extrême, ce sont les *otaku*, ces ados japonais qui vivent cloîtrés dans leur chambre, escargotés sur leurs passions télévisuelles et numériques, et qui ne communiquent avec l'extérieur que par Internet et par SMS. Jérémie n'en est pas encore là, bien sûr. Mais Quentin, 18 ans, si : « Je ne parle plus à mes parents directement, mais je les contacte par les TIC. »

En revanche, Jérémie développe lui aussi depuis sa chambre des relations en étoile, *par-delà* parents et voisins. En fin d'après-midi et en début de soirée, il appartient virtuellement à une petite constellation tout en liens de délire, de confidences et d'entraide, à travers le grand « hygiaphone du Net ».

Selon Guillaume, 20 ans : « Les TIC, c'est rassurant, et sur ces supports le physique ne compte plus, ce sont les pensées qui communiquent. C'est dingue quand même ! Mais il y a un effet de mode énorme là-dedans. Celui qui n'a pas Internet est mis de côté. Par contre, le Net, c'est vraiment comme un monde parallèle. Il n'y a pas seulement les histoires qui se passent à l'école la journée. Il y a aussi celles qui se passent sur le Net le soir… »

Allons maintenant un peu plus loin dans la découverte de ce monde-là, telle Alice qui plongeait dans le terrier du lapin blanc ou passait de l'autre côté du miroir pour changer de monde et de réalité. Un peu comme tous ces jeunes qui rejoignent, de l'autre côté de l'écran, *leur* pays des merveilles…

PREMIERE PARTIE

LES FONDEMENTS IDÉOLOGIQUES ET MARCHANDS DE LA CULTURE NUMÉRIQUE DES ADOS

Une culture du troisième type

L'idée reçue selon laquelle les nouvelles technologies seraient *virtuelles* est largement répandue. À y regarder de plus près, on constate cependant que celles-ci relèvent en fait d'une médiation technique extrêmement lourde et complexe. Qu'on se le dise, la virtualité – mot magique et fourre-tout – procède d'une fausse immatérialité. Car, pour avoir accès au Réseau, comment fait-on sans l'ordinateur et sa batterie rechargée, les *bons* logiciels et tous les câbles *ad hoc*... ? Et, accessoirement, il convient d'avoir la technicité requise pour utiliser tout cela à bon escient. C'est là que l'on croise la déjà célèbre « fracture numérique ». Vraiment immatériel, l'univers des réseaux ? Et que faisons-nous dès que nous avons trouvé quelque chose d'intéressant via un moteur de recherche* ? Nous nous hâtons de l'imprimer « pour garder trace écrite ». Car la culture, qui n'est pas pure abstraction, est faite d'idées matérialisées. Les œuvres prennent toujours une forme concrète, tributaire des inventions d'une époque. À ce titre, les évolutions techniques entraînent souvent d'importantes révolutions culturelles. Ainsi, l'imprimerie de Gutenberg a accouché de la Réforme, en permettant à la Parole divine de s'émanciper et de s'individualiser. Et on sait ce que l'humanisme renaissant, incarné par le grand Érasme de Rotterdam, doit à la typographie.

Alors que ces techniques évoluent, ce sont les formes de la culture, et surtout les conditions cognitives et sociales de sa réception, qui se transforment. Et cette métamorphose, c'est précisément ce que nous sommes en train de vivre en ce début de siècle. La majorité des amis de Jérémie ne lisent pas ou peu, mais ils passent un temps incroyable devant leurs écrans. Leurs parents, par contre, ont un rapport distant, fonctionnel et à vrai dire empesé aux TIC. Si les SMS sont la gymnastique quotidienne de Jérémie (gymnastique des doigts, des méninges et du cœur), le portable tombe des mains de sa mère quand elle doit envoyer un texto. Cela énerve Jérémie, qui dit à sa mère « qu'elle est nulle ».

Simon, étudiant en licence, est un peu plus posé : « J'ai grandi au milieu de cette culture. Je suis donc beaucoup plus représentatif de celle-ci que mes parents, qui n'assimilent absolument pas les aspects de ce modèle culturel. Notre génération a grandi avec les TIC. C'est presque un sixième sens pour nous de nous en servir. » Yasmina, 17 ans, confirme tout cela : « J'utilise vraiment Internet très souvent, MSN et tout, bien sûr, mais je commande aussi dessus, et puis je joue en ligne. Mes parents ne songeraient même pas pouvoir le faire. On dirait qu'ils se méfient, qu'ils ont peur, quoi. » Dans ce fossé générationnel, on touche du doigt les termes de cette révolution culturelle en mouvement.

« CULTURE, VOUS AVEZ DIT CULTURE ? »

Les TIC posent une question cruciale : celle de la définition même de la culture, au sens large du terme. Or, pour y répondre, on a souvent du mal à sortir des schémas canoniques. Au sens le plus académique du terme, la culture se rencontre dans les musées, les bibliothèques et les festivals prestigieux. Cette culture a tendance à être magnifiée par ceux qui la pensent en danger ; comme c'est le cas en ce moment précisément.

Par extension, la culture rassemble toutes les productions d'une époque, dont la finalité n'est pas strictement fonctionnelle, mais nourrie de préoccupations esthétiques et intellectuelles. Les arts (musique, littérature, théâtre, cinéma...) appartiennent de plein droit à la culture, bien sûr.

Mais, la culture, c'est plus largement un processus. Les anthropologues disent même qu'il s'agit de tout ce qu'il faut savoir pour appartenir à une communauté donnée. C'est un ensemble de références et de pratiques admises au sein d'un groupe, qui permet de l'intégrer et d'y trouver une place. Elle rassemble alors les manières de parler, de se nourrir, de se vêtir, de regarder l'autre et le monde, et condamne à rester à l'extérieur du groupe ceux qui ne respectent pas ces codes. Cette définition de la culture amène à considérer qu'elle est inclusive autant qu'exclusive. Elle engage surtout des notions fondamentales : le partage et la transmission.

La culture numérique des ados procède des mêmes logiques : elle est un certain regard, une manière de penser, de s'exprimer, de faire venir le monde à soi via ses écrans magiques, « au doigt et à l'œil ». Elle est une façon de décomposer et de recomposer les réalités culturelles et sociales, qui requiert une vraie technicité, une ingéniosité, technique mais pas seulement. Et sur tous ces points, les ados de 2006, qui ne sont pourtant pas des ingénieurs en informatique, ont pris une avance déterminante par rapport à leurs aînés. S'affranchissant du *hardware*, ils ont su faire de ces TIC des machines à véhiculer leur pensée.

Quid de la *cyberculture**, d'ailleurs ? On sait que celle-ci rassemble les productions littéraires, cinématographiques et artistiques ayant pour thème et/ou support les univers numériques. Elle regroupe tout à la fois des œuvres, des valeurs et une certaine manière de voir le monde, grâce aux technologies de l'information.

En fait, bien peu d'ados de 2006 connaissent vraiment cette *cyberculture* dans son histoire, ses courants, ses grands noms et ses dates importantes. *Blade Runner...* ? Personne n'a vu ce film, sauf quelques amateurs de science-fiction. Mais *Matrix*, oui, bien sûr. *Le Neuromancien* de William Gibson, superbe roman visionnaire... ? Lu par personne ou presque. La célèbre revue *Wired*, Timothy Leary, pape historique de cette *cyberculture*, ou Howard Rheingold, prophète exalté du futur numérique... ? Tous inconnus. L'*art numérique*, les considérations tour à tour métaphysiques sur le *cyberspace* et socio-utopiques sur les *communautés virtuelles...* ? Loin, très loin des jeunes « hyper-connectés » de ce début de millénaire. Pire, ces mots et expressions semblent désuets pour eux, tellement nébuleux et conceptuels. La *cyberculture*, telle que définie historiquement par des auteurs américains ou francophones (Pierre Lévy, Serge Proulx), est tout au plus une toile de fond. Car les TIC, avant tout, ce sont des outils d'action. S'exprimer (*chat* et blogs), télécharger (P2P), « délirer » (MSN), se documenter (Google), jouer (*on line*), retoucher et *forwarder*, autant de verbes renvoyant à des choses concrètes et pragmatiques, même quand le rapport est intuitif.

Puisse en tout cas cette amnésie sur les fondements de la *cyberculture* consoler ceux qui déplorent la déshérence dont est victime la culture dite classique. *Du passé faisons table rase*, tel semble être l'axiome d'une jeunesse qui se contente finalement d'être et d'agir au jour le jour.

De l'alphabet à l'ADSL, cinq millénaires, cinq siècles, cinq décennies, cinq ans

Il est toujours périlleux de faire de l'histoire à grands traits. Mais prenons-en le risque, puisque être typologique revient souvent à être pédagogique.

L'Europe a connu plusieurs systèmes culturels, qui se sont succédé à mesure que les techniques et les médias évoluaient. Répétons-le, ils sont indissociables. Et c'est presque un non-sens de vouloir penser la culture sans prendre en compte les formes matérielles qui l'incarnent dans une société et à une époque.

Quatre inventions marquent l'histoire de la pensée en Occident, par une rupture avec le système antérieur. Ces quatre périodes se caractérisent commodément par leur durée, qui connaît un important *decrescendo*. La première date en effet de cinq millénaires, la seconde de cinq siècles, la troisième de cinq décennies, et la dernière de cinq ans.

Ces quatre inventions engagent autant la diffusion de la pensée que la perception que l'on en a. Révolutions techniques, culturelles, et, en abyme, révolutions cognitives. Les auteurs sont nombreux, qui ont perçu et expliqué combien la mise en forme de la culture avait des incidences fortes sur son contenu même. « Le message, c'est le médium », en quelque sorte, pour le dire comme McLuhan. Car les médias « fabriquent » la pensée, au moins autant qu'ils la véhiculent. Il va sans dire que les TIC, qui ne sont en rien des tuyaux inertes, ont des incidences sur la manière de percevoir le monde; c'est-à-dire son corps, les autres, le temps et l'espace.

L'ALPHABET, SI LOIN, SI PROCHE...

Cinq millénaires, depuis l'invention des premiers alphabets mésopotamiens. L'écriture a ensuite miraculeusement transité depuis Sumer via tout le bassin méditerranéen, par les Étrusques, les Grecs, les Phéniciens, les Hébreux et le monde romain. Cinq millénaires, qui vont voir les codes évoluer doucement, pour se mêler, s'unifier, s'influencer et se refondre, au gré des voyages commerciaux et des expéditions militaires.

L'alphabet, ou la possibilité de fixer le verbe, de garder les nombres et les mots, contre la labilité de la mémoire et la relativité de la parole. Cette première révolution fondera un système administratif et politique, avec ses rangs et ses castes, ses scribes et ses prêtres. Platon, dans un discours célèbre, reproche amèrement au dieu Toth d'avoir fait un cadeau empoisonné aux hommes, en leur donnant l'écriture. Contre celle-ci, selon lui, il leur a pris la mémoire. Mais le cœur y est-il vraiment, dans ce reproche ? Car, si nous lisons encore Platon, c'est grâce à l'écriture, précisément, qui a porté sa parole jusqu'à nous. Platon était sévère, car les Anciens avaient développé d'incroyables « arts de mémoire », qui permettaient de mémoriser tout ou presque. De formidables moyens mnémotechniques permettaient ainsi à un orateur de parler des heures en public sans notes. Notre siècle, lui, compte sur les disques durs, les répertoires électroniques et autres assistants numériques. C'est bien imprudemment que nous leur confions toutes nos ressources, toutes nos données. On s'en aperçoit quand les systèmes « plantent », ou lorsque nous égarons ces valets cybernétiques.

GUTENBERG ET LA TYPOGRAPHIE

La deuxième révolution a lieu aux alentours de 1440, avec l'invention de l'imprimerie. Il y a un peu plus de cinq siècles, à Mayence, Gutenberg porte sa typographie sur les fonts baptismaux. Ce faisant, il permet l'accouchement d'un autre ordre culturel à moyen terme. Autre révolution que celle de la démultiplication à l'infini de la pensée, là où l'écriture se contentait de la fixer. Le livre typographique de Gutenberg s'est alors imposé comme le symbole de la culture occidentale. L'humanisme renaissant, la Réforme protestante, les Lumières, l'aventure de l'Encyclopédie, toutes ces grandes heures intellectuelles, religieuses, politiques, sont liées indéfectiblement à l'imprimerie. Elles en sont même tributaires. Car c'est la diffusion matérielle de la parole et de la pensée qui a été la petite cause technique ayant permis de si grands effets civilisationnels. Le livre imprimé, pléthorique et circulant, devint le cœur, le poumon et le cerveau de la dialectique occidentale. Il imposa une pensée linéaire et progressive, structurée comme le sommaire et la page. Et la bibliothèque devint le temple de cette culture-ci. Le livre est la mémoire vivante d'une culture qui, bien avant les réseaux numériques, fonctionnait aussi sur le principe *réticulaire*, c'est-à-dire en réseau. J'y reviens : malgré leurs mémoires prodigieuses, nos TIC ont fait de nous de vrais amnésiques. Qui connaît par cœur ne serait-ce que cinq numéros de téléphone de son répertoire électronique, qui en contient pourtant des dizaines ? On enrage le jour où l'on égare son portable : comment appeler ces proches soudain inconnus et si loin, alors qu'on a besoin d'eux ?

La télévision, « folle du logis »

C'est au milieu du XXe siècle que l'empire du livre s'est vu contesté et battu en brèche par les médias audiovisuels, au premier rang desquels il faut classer la télévision. Celle-ci est porteuse de contenus nouveaux et, surtout, d'une nouvelle manière de penser. L'homme s'impose le texte, l'image s'impose à lui. Les débats que suscite la télévision depuis sa diffusion de masse, à partir des années 1960, mettent tous en avant, un peu rapidement, la passivité à laquelle elle astreindrait son spectateur.

La télévision est le mass-média par excellence. C'est bien en quoi elle pose des questions, et surtout des problèmes, à ceux qui se pensent détenteurs de la « vraie culture ». Elle a troublé par son irréversible essor un ordre trop bien établi, celui du livre. Dominique Wolton l'affubla de ce surnom peu enviable, par lequel le philosophe Malebranche désignait l'imagination : « la folle du logis ».

Avec les années 1960, et l'extension de l'empire des médias audiovisuels, s'est dispensée ce qu'Abraham Moles a appelé une « culture mosaïque ». Plus de vingt ans avant le *zapping* (qui n'est apparu qu'au milieu des années 1980), la culture, délibérément « grand public » et même populaire, se décomposait (au sens littéral), pour réapparaître sous forme de fragments ludiques et hétérogènes. Cette mosaïque est un mixte improbable de références qui font masse, pour produire une nouvelle culture. L'illustration édifiante en est donnée par les airs célèbres de musique classique qui agrémentent les spots publicitaires. Pour nombre de personnes, le *Boléro* de Ravel, « c'est la musique de la pub des assurances »...

Jusqu'à récemment, la culture ado au sens large du terme était précisément une « culture-mosaïque », fille des chaînes musicales et du cinéma très grand public.

L'ADSL, OU LA REVANCHE DES « TUYAUX »

Enfin, depuis cinq ans, c'est-à-dire la généralisation de l'ADSL (Internet à haut débit) et de la troisième génération de téléphonie mobile, la culture et le lien social sont entrés dans une nouvelle ère. Après le si long règne de l'écrit, après la quasi-dictature de l'audiovisuel, monte en puissance une « culture du troisième type », imposée par les machines à communiquer de la société numérique. Dans l'interconnexion généralisée, dans le fait aussi que des écrans de plus en plus petits puissent recevoir de plus en plus de données et d'images, une nouvelle révolution culturelle et médiatique se fait jour.

En fait, nous assistons à une refonte des codes antérieurs dans le grand creuset numérique. Des données hétérogènes – textuelles, iconiques, sonores – se trouvent refondues grâce à la numérisation, et accessibles simultanément, via les terminaux que constituent nos machines à communiquer. Multimédia, vraiment ? Régis Debray proposait de parler plus judicieusement d'*unimédia*, pour définir cette nouvelle donne médiatique, qui rassemble, unifie des choses jusque-là éparses.

Dans cette fusion miraculeuse est contenue tout entière la « société de l'information ». Et c'est bien davantage qu'Internet et la généralisation de l'usage des technologies d'information et de communication : elle englobe tous les systèmes (médiatiques, culturels, économiques, technologiques...) auxquels nous avons quotidiennement accès. Toutes sortes d'informations transitent dans ces nouveaux réseaux. Plus qu'une mosaïque, c'est devant un immense et incroyable *patchwork* que nous nous trouvons, quand nous nous projetons dans la Toile, par la petite lucarne de l'écran. Des milliards d'informations de toute nature y circulent, à lire au premier, au deuxième et parfois au troisième degré. Une culture d'un nouveau genre est produite là, « culture du troisième type » qui recycle, mixe et régurgite tout ce qui vient au Net, énorme matrice médiatique qui malaxe et mêle sans distinction le public et l'intime, l'infime et l'infâme.

Internet constitue une géographie complexe et dynamique de technologies, d'informations multimédia et de « pensée en réseau ». Et puisque les TIC procèdent à une redistribution radicale du savoir et de la mémoire collective (comme l'écriture et l'imprimerie le firent en leur temps), on peut bel et bien parler de révolution.

On l'a compris, ce sont les ados qui, au premier chef, inventent cette culture-là. Leur ingéniosité fait qu'ils s'approprient les outils, en jouent et s'en jouent pour inventer des codes. Mais aussi, par extension, une nouvelle temporalité relationnelle, et un tempo social nouveau.

La *logosphère*, la *graphosphère* et la *vidéosphère*. C'est ainsi que ce même Régis Debray nomme les trois grandes périodes « médiologiques » qui se sont succédé dans l'histoire de la pensée en Occident. La pensée, l'écriture puis l'image. McLuhan, lui, avait vu la « galaxie Marconi » succéder à la « galaxie Gutenberg ». Dans la lignée de ces typologies, on pourrait parler de « galaxie Gates » pour définir la « culture du troisième type ». Bill Gates n'est pas un inventeur, mais un homme d'affaires très avisé (Gutenberg devait l'être aussi, d'ailleurs). Un *businessman* ne convient-il pas au mieux à une époque qui mêle si étroitement l'économique et le technologique ?

Point de catastrophisme cependant. Les nouveaux médias remplacent rarement les anciens, ils les améliorent. Ils se complètent plus qu'ils ne s'annulent. Bien sûr, des reclassements s'opèrent. Le VHS est (presque) mort, vive le DVD ! L'importance sociale de certains médias peut décroître, alors que d'autres montent en puissance. Mais sans qu'il y ait disparition pour autant. Depuis les années 1970, les jeunes lisent beaucoup moins qu'avant guerre, et ils regardent beaucoup plus la télévision. Les chiffres sont implacables : un peu plus de trois heures quotidiennes. Mais, depuis quelques années, le temps consacré au petit écran se trouve érodé par d'autres écrans, numériques ceux-ci.

Ce serait faire de l'élitisme que de considérer que certains médias sont nobles, et d'autres, vils, indignes. Ce serait même idéologiquement dangereux de revendiquer une « pureté culturelle » dont certains médias seraient garants, au détriment des autres.

On connaît le procès que subit la télévision depuis quelques décennies. Le livre, bien sûr, est synonyme d'une certaine idée de la culture. Et la Pléiade est un Panthéon d'encre et de papier. Mais on ne peut pas dire pour autant que l'intégralité de la production livresque appartienne *de facto* à la haute culture. Et qui sait lire attentivement son « programme télé » peut réellement s'instruire et se cultiver, devant des émissions et des reportages d'une très grande qualité.

Dans *La Culture de l'individu*, le sociologue Bernard Lahire explique en fait que des passerelles existent entre « haute culture » et « basse culture ». Nous avons l'art de mixer intuitivement, au gré des plaisirs et des affinités, des références culturelles qui pourraient sembler hétérogènes, voire antinomiques de prime abord. La télévision et Internet proposent des ouvertures culturelles à qui les utilise à bon escient.

Au XIIIe siècle, en Corée et en Chine, le principe technique de la typographie était acquis. Mais l'invention ne dépassa jamais les murs des palais royaux. Deux siècles plus tard, la même invention, « redécouverte » par Gutenberg, allait s'étendre en Europe comme une traînée de poudre. Parce que celle-ci était économiquement et culturellement prête pour accueillir l'imprimerie. Rappelons qu'une invention est en effet toujours précédée par des discours qui lui ouvrent la voie, l'accompagnent, lui inventent des devenirs.

Les TIC et Internet triomphent grâce à leur implacable efficacité technique, mais aussi parce qu'ils sont les fers de lance d'une idéologie qui est montée en puissance depuis les années 1980, pour imposer sa *doxa* à presque toutes les sphères de la société : l'idéologie de la communication.

Dans *L'Imaginaire d'Internet*, Patrice Flichy analyse comment le Réseau est devenu, au milieu des années 1990, un thème omniprésent, avec des résonances médiatiques, politiques, sociales et éditoriales immenses. Et d'expliquer que la formidable pénétration sociale d'Internet a été favorisée par sa construction événementielle, avec des relais à tous les niveaux de la société. Mais, quinze ans avant Internet, l'idéologie de la communication préparait le terrain au Réseau et tissait sa Toile, patiemment. Penchons-nous maintenant sur les préceptes de cette idéologie. Car la génération de Jérémie s'y conforme sans même en avoir conscience.

Soft-(ware) idéologie...

Une société de « consommation de la communication »

Les jeunes de ce début de siècle sont les enfants légitimes de la communication et des nouvelles technologies. Se désintéressant du fait religieux, peu enclins aux engagements politiques, les ados de 2006 baignent depuis leur enfance dans une utopie technologique et sociale. C'est pour cette raison que cette génération se plie avec zèle aux injonctions des « marchands de communication ». Car, si les valeurs de l'idéologie de la communication sont morales et louables pour certaines d'entre elles, il s'agit aussi de valeurs marchandes.

Connaître les principes de cette idéologie permet de mieux comprendre son succès auprès des jeunes de 2006.

Après quelques décennies de société de consommation (les « Trente Glorieuses »), après vingt ans d'un modèle social et politique entièrement orienté autour de la communication (1980-2000), s'ouvre depuis quelques années une nouvelle ère, dite de « consommation de la communication ».

Pour s'épanouir, réussir et s'affirmer, pour être dans le ton, il faut désormais CO-MMU-NI-QUER ! Être branché... c'est être branché. On l'aura compris, cela signifie qu'être connecté, c'est être à la page.

Et ne pas jouer ce jeu-là, c'est être du côté des timides, des introvertis, des esprits chagrins. Tous ceux que cette si conviviale idéologie de la communication n'aime pas, et dont elle se gausse à l'envi. La « psychologisation frénétique » qui gagne les institutions, l'entreprise et les médias va dans ce sens. Un petit problème relationnel ? Du mal à s'affirmer ? Des malentendus au travail ou en famille ? Il faut *consulter*, assurément.

Car ses discours sont aussi consensuels qu'ambigus, qui rangent parmi les déclassés et les « ringards » ceux « qui ne vont pas de l'avant » ; et qui, accessoirement, ne sont pas connectés. Si possible, d'ores et déjà, par Wifi* et infrarouge...

Mais qui édicte les valeurs de cette nouvelle idéologie ? Pour « entendre la bonne parole », plus besoin d'aller dans un lieu de culte ou dans un meeting politique, comme le faisaient les parents de Jérémie. Les discours doucereux de la *soft-(ware)* idéologie de la communication ne sont nulle part vraiment visibles, mais partout présents, notamment dans les médias ; un peu comme le sucre dans le lait chaud.

Et ces médias, juge et partie, mêlent joyeusement publicités et (publi-)reportages exaltés, vantant les TIC et la « société numérique ». Ainsi en va-t-il des « suppléments "Nouvelles Technologies" » qu'offrent plusieurs fois par an les *newsmagazines*, et qui promeuvent le « *high tech* dernier cri » sous couvert d'information. À côté de cela, à la marge, il y a bien quelques enquêtes s'intéressant aux problèmes (physiologiques et sociaux) posés par les TIC ; ou encore des questions existentielles (et accessoirement culturelles) sur « l'avenir du livre ». Mais le mouvement général est à l'enthousiasme béat ; car il ne saurait être question d'aller contre le progrès et « le mouvement de l'histoire ».

Cette confusion généralisée entre les médias et les « marchands de communication » est illustrée, entre autres exemples, par le personnage de Jérôme Bonaldi et son enthousiasme prosélyte sur la question des nouvelles technologies. Depuis vingt ans, de Canal + à Europe 1 et à France 2, ce journaliste scientifique est le chantre exalté des TIC. Invariablement, ses chroniques vantent avec le zèle des nouveaux convertis le « produit révolutionnaire » (très souvent numérique) qui changera nos manières de communiquer et donc de vivre. Ce genre de discours incantatoires constitue le *background* du progressisme technologique, facilitant la pénétration sociale des TIC.

SOFT-(WARE) IDÉOLOGIE...

La convivialité, le progressisme et l'ouverture au monde constituent les credos invariables de cette nouvelle idéologie très *soft-ware* (logiciels), tant toutes ces valeurs inattaquables sont redevables aux techniques et aux machines à communiquer qui constituent autant de sésames précieux vers les autres et l'avenir. Et on en revient toujours à la numérisation, révolution technico-sociale qui interconnecte les ordinateurs et surtout les hommes.

C'est au début des années 1980 que l'idéologie de la communication s'est imposée, en très peu de temps. Il y a vingt-cinq ans, la génération de Jérémie était encore en gestation. Mais ses (jeunes) parents surent faire leur miel des valeurs communicationnelles. Les médias et les politiques des années 1980, d'ailleurs, les aidèrent dans cette ingurgitation un rien forcée.

Les choses existent quand on les nomme. L'âge contemporain de la communication débute en 1978, avec la parution du célèbre rapport Nora-Minc sur « l'informatisation de la société ». Ce document prophétique, dont l'écho débordera son cadre initialement politique, annonçait en fait un nouveau projet de société : selon ses deux auteurs, l'informatisation généralisée, déjà en marche, allait bouleverser toutes les facettes de la vie sociale, pour métamorphoser la vie de l'homme du XXIe siècle. Nora et Minc imaginaient-ils la naissance d'une génération d'« ados-*cyborgs* » parlant de drôles de langages, dédaignant le livre et communiquant par écrans et claviers interposés ?

En cette période de panne des idéologies et de reflux des religions que furent les années 1980, des paramètres tout à la fois politiques, technologiques, économiques et médiatiques allaient faire de la communication l'ultime foi de la fin du siècle. L'avènement de François Mitterrand et la création, dès 1981, du ministère de la Culture *et* de la Communication, incarné par l'emblématique Jack Lang, contribuèrent à valider l'importance politique de cette dernière, et à entériner sa dimension « pan-sociale ». Les « métiers de la communication » (journalistes, publicitaires, chargés de communication et de relations publiques...) se trouvèrent parés de toutes les gloires, tandis que les formations privées et publiques en « info-com » s'imposaient dans toutes les filières d'enseignement. Et, aujourd'hui, combien de « post-ados hyperconnectés », clones et copains de Jérémie, sont « étudiants en communication » ? Entre 30 et 40 000, assurément, pour le seul Hexagone. Dans le même temps, l'information et la communication entrent doucement dans les programmes d'enseignement des lycées.

Dans les années 1980, la communication était partout, et il était de bon ton de l'invoquer comme nouvel « onguent social », censé résoudre tous les problèmes relationnels (familles, couples...) et apaiser toutes les frictions. Manière de dépolitiser nombre de relations, pour les « psychologiser ». C'est alors que s'imposèrent les « médiateurs », « tiers institués » que l'on retrouva bientôt dans toutes les couches de la société, chargés de gérer aussi bien les adolescences difficiles, les classes à risques, les conflits sociaux et le « problème corse » !

Mais, si elle connut un tel succès en quelques années, la communication le doit d'abord à ses « techniques » : l'arrivée presque conjointe, entre 1980 et 1986, du minitel, du câble, de la micro-informatique, des radios libres et des télévisions commerciales donna corps et substance à l'utopique « village planétaire » cher à McLuhan. Dix ans plus tard, Internet et la vogue des téléphones mobiles n'eurent qu'à parachever cette utopie, en permettant à chacun d'être joint en permanence. À nouvelle liberté, nouvelles aliénations... Anthony, 18 ans, le constate avec lucidité : « Être joignable 24 heures sur 24, cela provoque un manque de liberté. Et si on ne répond pas, si on ne rappelle pas, en plus, ça engendre des conflits. »

Selon Patrice Flichy, une technique est toujours accompagnée de discours sociaux qui lui ouvrent la voie ou, au contraire, entravent son développement. Dans les années 1980, et à la suite du rapport Nora-Minc, les commentaires médiatiques et politiques sortirent l'informatique de sa sphère technique pour en faire une « technologie sociale » résolument moderniste; et à terme une véritable religion[4]. « En tout cas, cette identification du progrès aux nouvelles technologies est là, massive, omniprésente dans le discours des hommes politiques, des médias et des élites. C'est, du reste, parce qu'ils *vont tous* dans le même sens que ces discours ont un impact si fort. Ils en appellent à la “révolution d'Internet”, et affirment doctement que la société de demain est au bout des claviers[5]. »

---

4. Caractérisé par un discours utopiste, Internet dispose de tous les éléments pour devenir la nouvelle *religion* de ce début de siècle, universaliste, conviviale, technologique. « Religion » vient de *religare*, qui signifie aussi « relier ». Ce à quoi œuvre précisément la « Toile ».

5. Dominique Wolton, *Internet, et après ?*, « La Découverte » Flammarion, Paris, 1999, p. 62.

Par-delà l'indéniable triomphe de toutes ces techniques, la réussite fulgurante de l'idéologie de la communication, à son zénith en ce début de troisième millénaire, se fonde aussi sur un ensemble de valeurs constituant son socle moral. En fait, elle se pose d'abord comme la synthèse dédramatisée de modèles idéologiques anciens. Ainsi célèbre-t-elle des valeurs d'universalisme (reprenant à son compte les idéaux conjoints de la démocratie et des droits de l'homme), de cosmopolitisme et de métissage. Cela est très perceptible dans le discours publicitaire, promoteur zélé de cette « utopie de la communication » (Philippe Breton). Elle célèbre ostensiblement le lien, l'ouverture et la circulation : ouverture sur les cultures du monde, sur les expériences sociales et technologiques novatrices. Non conflictuelle et même consensuelle par nature, cette idéologie possède un supplément d'âme progressiste, puisque fondamentalement tournée vers l'extérieur, autrui et l'avenir.

La transparence, de même, est une valeur montante, mise à toutes les sauces. Les hommes politiques, les architectures, les comptes des partis, les ordinateurs et les médias se doivent d'être transparents. Un opérateur de téléphonie joliment prénommé Alice fonde même toute son image sur ce principe. La belle fée blonde incarnant la marque traverse une maison et rend transparent tout ce qu'elle effleure. Diable ! Mais cette transparence incantatoire ne serait-elle pas un voile, propice à une opacité d'un autre ordre ? On peut se le demander.

Et puis la convivialité, voici l'un des maîtres mots de l'idéologie de la communication. Et ce sont les ordinateurs qui, au premier chef, possèdent des « interfaces conviviales », garante d'un échange plaisant avec la machine.

Enfin, plus encore que la convivialité, c'est le « ludisme » (et il faut entendre le « *isme* » caractérisant les idéologies), qui a été institué comme valeur cardinale par la pensée communicationnelle.

Car, désormais, tout est jeu, et tout doit être drôle et *fun*. Selon cette idéologie, et grâce à ces si conviviales machines interconnectées, la moquerie est la nouvelle arme fatale, qui dédramatise et relativise tout. On peut rire de tout, en boucle et surtout en réseau. Exemple symptomatique, quelques heures après l'effondrement des deux tours du World Trade Center, à New York, le 11 septembre 2001, circulaient déjà sur la Toile des photos truquées tournant cette catastrophe en dérision. Belle manifestation de cette « parodisation généralisée » affectant et infectant même le Réseau. Quant à l'usage des téléphones portables et d'Internet par les ados, il est quasi exclusivement ludique. Il va sans dire qu'ils exportent, ensuite, cette manière d'être vers d'autres relations, sociales, celles-ci.

Prométhée avait volé le feu aux dieux et, par extension, la technique. Dans cette droite ligne, notre nouvelle idéologie mythifie les nouvelles technologies (souvent écrites en majuscules, d'ailleurs). Elle les nimbe d'une véritable aura mystique, prométhéenne dans l'esprit. Ainsi, trop de publicités exploitent le thème de l'ange (Motorola, Bouygues,

Orange...) pour que cela ne fasse pas sens. Grâce à ces TIC mythiques, nous sommes des petits démiurges, affranchis des habituelles contraintes spatio-temporelles.

Depuis quelques années, une injonction nous est adressée : il convient d'être connecté et joignable « partout tout le temps ». Mis en forme par les publicitaires, relayé par les médias, voici le nouveau diktat : nous devons « consommer de la communication ». La thématique obsessionnelle des opérateurs de téléphonie et des fournisseurs d'accès à Internet ne réside-t-elle pas uniquement dans la *quantité* de communication(s) offerte (vendue plutôt), sans accorder la moindre attention à la question des contenus, des usages, et des relations induites... ? En effet, tous se bornent à nous proposer de parler de manière illimitée, en étant connecté « H 24 ».

Nombre de publicités récentes, même parodiques, n'ont pas peur du ridicule. Ainsi celle expliquant que, grâce à tel forfait mirifique, « on ne voit plus le temps passer ». Et sa demoiselle alanguie et pendue au téléphone a des cheveux de plusieurs mètres de long, alors que, les yeux mi-clos, elle parle et parle encore. Ou encore celle où l'on voit un adolescent se réveiller péniblement, l'empreinte du téléphone sur la joue, au grand dam de son père (qui dort mais paye, lui). Ayant discuté toute la nuit, il s'est endormi au petit matin sans raccrocher ! Le voici donc, le nirvana communicationnel. Flux techniques, flots de paroles... Mais *quid* du sens ?

Et puisqu'il convient d'être joignable partout, d'autres spots nous montrent d'austères hommes en costume qui vérifient « s'ils ont bien le réseau ». Leurs précieux portables pointés vers le ciel comme un défi aux dieux, ils sont perdus au milieu des moutons sur le causse du Larzac, ou embarqués dans les bassins à huîtres d'Arcachon. Mais on est rapidement rassuré avec eux, la communication passe. Enfin, rien de mieux pour vanter les ordinateurs portables que de mettre en scène des cadres encravatés dans les bois, dans les champs, les yeux rivés à leur écran. Du ruralisme technologique à l'ère des réseaux.

Communiquer sans cesse, mais avec qui, et pour (se) dire quoi ? Cette question n'est jamais abordée. Cela est lourd de sens, et révélateur de l'air du temps et du degré de pénétration sociale de cette idéologie de la communication. Demander à des ados qui viennent de *chatter* quelques heures « de quoi ils ont parlé » est tout aussi symptomatique. Neuf fois sur dix, ils répondront : « Oh, on a déliré, c'est tout. » Ou bien : « On se raconte sa journée et puis c'est tout. » Ce laconisme désabusé trahit bien la vacuité de ces échanges. Car les écrans du *chat*, amnésiques, constituent un immense palimpseste, effacé sitôt envoyé. Dans cette lignée, Vincent, 21 ans, semble revenu des délices du *chat* : « Le pire, c'est vraiment les forums : "Salut, ça va... ? Wé, ça va, et toa !? ça va... T sur... ? oui oui, pourkoi.. ? Oh, comme ça. Bon, ben, si ça va, C cool..." » Et pour Damien, 19 ans : « *Chatter* avec des copains de vacances, c'est bien, mais ça devient vite ennuyeux, car on n'a pas grand-chose à se dire. On voit vite que le temps entre chaque réponse est de plus en plus long. » Pour Jérôme, le *chat* doit rester purement fonctionnel ; sinon, on en constate vite les effets négatifs : « Toutes ces relations à distance sont vraiment à l'image de la société actuelle : sans implication ou à implication limitée, tellement il est facile de se cacher derrière un écran et un pseudo. »

Le magazine *Le Monde 2* proposait début 2005 un dossier étonnant, dressant le portrait de quelques personnes célèbres ou inconnues qui refusent obstinément d'avoir un téléphone mobile. À les lire, on devinait le sens de l'organisation qu'il faut désormais pour « vivre sans mobile apparent », si je puis dire. Et surtout, on percevait en filigrane le courage de ces « irréductibles Gaulois » allant contre l'air du temps, et résistant coûte que coûte au « panurgisme communicationnel ».

OBSESSION DU LIEN, « TYRANNIE DU BRANCHEMENT »...

Nous reviendrons sur les phénomènes d'addictions et autres « pathologies numériques » dont sont victimes nombre de jeunes, qui *chattent* des jours et des nuits, et parviennent à jouer en réseau « H 24 » le week-end. Ces nouvelles dépendances relèvent toutes du « sentiment de connexion ». Le rappeler, c'est finalement revenir à cette *obsession du lien* qui caractérise l'idéologie de la communication bien au-delà d'Internet. Nouveau symptôme propre à notre époque, « on voit se dessiner d'étranges angoisses, celle de ne pas être appelé, ou de ne pas recevoir de courrier électronique[6] ». Il faut évoquer ici la « téléphonomania » affectant de plus en plus de personnes possédant un mobile, qui passent leur vie et dépassent leur forfait pour garder le contact en « sous-titrant leur vie », selon la jolie expression de Francis Jaureguiberry[7]. Car, la plupart du temps, portable en main, combien sommes-nous à ne faire que commenter – en public et en vaquant – ce que nous sommes en train de faire ? La plupart des conversations entre mobiles commencent d'ailleurs par les désormais rituels « T'es où ? » et « Tu fais quoi ? ».

Surtout, ces technologies ont permis, depuis une décennie, de multiplier spectaculairement les possibilités de connexion. Internet, le téléphone portable et tous les nouveaux services qu'ils offrent démultiplient les occasions « de se brancher sur l'autre ». Et la possibilité technique de se joindre à tout moment crée le besoin d'appeler sans cesse ses proches pour leur dire des banalités confondantes. Remplir les moments d'attente et de transit, se rassurer, parler pour parler en se confiant à propos de tout et de n'importe quoi, tout raconter et tout paraphraser... La grande réussite des TIC réside en ce qu'elles ont fait de leur utilisation des réflexes, et qu'elles ont instauré des dépendances comportementales : chercher fébrilement son

6. Dominique Wolton, *op. cit.*, p. 107.
7. Francis Jaureguiberry, *Les Branchés du portable*, PUF, Paris, 2003.

portable dans sa poche, le regarder sans cesse pour voir si « rien de nouveau n'est arrivé » ou, pire, si l'on n'est pas « hors réseau » ; allumer l'ordinateur en arrivant chez soi, y revenir très souvent pour suivre l'arrivée des messages en direct ; là sont bien les automatismes qui traduisent un syndrome communicationnel fort, celui d'une société où la circulation des informations en temps réel et le lien permanent sont les injonctions douces imposées par la technologie et l'air du temps.

Et il y a une dimension psychanalytique évidente à cette obsession de la connexion. Le portable est un avatar du « doudou », un objet symbolique et à vrai dire transitionnel, qui relie à un « tout autre », et à tous les autres. Il est un formidable substitut au sein qu'on tète ou au pouce qu'on suce ; comme la présence d'une mère diffuse et rassurante. Il est frappant de constater que tous les angoissés se disent rassurés d'avoir un portable, « d'avoir le réseau », et *a fortiori* de recevoir des messages et des SMS, qui sont autant de gages d'attention et de signes d'amour. Ainsi, Emmanuelle, 19 ans : « Je ne suis pas accro aux nouvelles technologies. Mais mon portable me rassure (en cas de problème) plus qu'il ne me sert vraiment. »

Il en va de même de la messagerie électronique, que de plus en plus de personnes laissent ouverte en permanence, et qui reçoit les mails en continu, comme autant de caresses à l'ego. Les TIC, alors, agissent comme métaphores d'un cordon, ombilical autant que numérique, qui relie à ceux qu'on aime. Et on comprend combien les ados, souvent frappés par la solitude (dans les familles monoparentales, quand leurs parents travaillent tard...), pas très à l'aise dans leur peau et maladroits dans l'expression de leurs sentiments, ont surinvesti ces providentielles TIC. Par leur médiation, finalement, ce sont des preuves d'attachement qu'ils quêtent, guettent, et donnent à leur manière. Même si le prix à payer est déjà un attachement à ces très chères « machines à communiquer »...

Philip, 18 ans, dit les choses crûment : « Ça m'énerve, que les nouvelles technologies soient devenues un mode de vie. Les jeunes ne savent plus ce que c'est que s'amuser. Sans leur foutu portable qu'ils trimballent partout, ils sont perdus ! » Mais il tempère aussitôt : « Le mobile et Internet, ce sont deux moyens de communication avec lesquels j'ai été habitué à vivre. Sans eux, je ne pourrais pas communiquer aussi facilement. En fait, je ne pourrais pas m'en passer. »

Dominique Wolton rappelle à bon escient que « non seulement le multibranchement ne garantit pas une meilleure communication, mais de plus il laisse entière la question du passage de la communication technique à la communication humaine. Vient en effet toujours un moment où il faut éteindre les machines et parler à quelqu'un. Toutes les compétences techniques n'induisent en rien une compétence dans les relations humaines [8] ».

Et on peut accorder un certain crédit à Philippe Breton, selon lequel « l'*homo communicans* est un être sans intériorité et sans corps, qui vit dans une

8. Dominique Wolton, *op. cit.*, p. 197.

société sans secrets, un être tout entier tourné vers le social, qui n'existe qu'à travers l'information et l'échange, dans une société rendue transparente grâce aux nouvelles machines à communiquer[9] ».

La génération de Jérémie a donc fait siens les principes de l'idéologie de la communication. Et pour cause, depuis sa petite enfance, elle baigne dans un discours médiatique et publicitaire où il n'est question que de convivialité (des hommes et surtout des machines), de lien (technique) permanent, de progressisme, de transparence, de simultanéité et de *virtualisation* des relations ; et le fait, surtout, que tous les rapports sont à considérer comme des jeux. Tout cela est naturel pour les ados, et il ne leur viendrait pas à l'esprit de le remettre en cause.

La *cyberculture* a tellement pénétré leurs manières de se conduire socialement que ce sont leurs représentations du monde qui se trouvent *reconfigurées*, si l'on peut dire. David Le Breton démontre combien le langage commun est désormais saturé de références, et surtout de tics informatiques : « En même temps que le vocabulaire humanise la machine, par un mouvement réciproque l'homme se mécanise : on est bien "formaté" pour un emploi ou une tâche. On est "câblé" car on intègre une information, une bévue dans un raisonnement, une maladresse de geste ou de parole est perçue comme un bug ou "une

9. Philippe Breton, *L'Utopie de la communication*, La Découverte, Paris, 1992, p. 46.

erreur de programme"... Un problème affectif est perçu comme un problème d'"interface". S'il s'agit d'un contact difficile avec une femme, "il suffit d'attendre la sortie d'une nouvelle version, plus conviviale"[10]. »

Ces nouveaux réflexes sémantiques sont plus symptomatiques qu'ils n'y paraissent. C'est la vision des relations sociales qui est contaminée par l'informatique.

LES STRATÉGIES PUBLICITAIRES BALISTIQUES DES OPÉRATEURS

On l'a compris : la communication est d'abord une belle utopie sociale, pleine de bons sentiments. C'est aussi une idéologie, grosse de ses ambivalences. C'est enfin et surtout un marché en pleine expansion, qui draine des centaines de millions d'euros.

Penchons-nous un moment sur les « marchands de communication », plus particulièrement les opérateurs de téléphonie mobile (OTM). Ceux-ci mettent au point à l'attention des ados des campagnes de propagande à la fois subtiles et agressives. L'enjeu ? Capter des publics toujours plus jeunes et leur vendre de plus en plus de produits, de services et d'accessoires.

Les téléphones mobiles sont apparus il y a dix ans à peine. 1997 est l'année de la pénétration

10. David Le Breton, *L'Adieu au corps*, Métaillé, 1999, Paris, p. 152.

massive des « mobiles » : en décembre, 800 000 téléphones furent vendus. En 2000, 30 millions de Français, représentant le très symbolique pourcentage de 50 % de la population, étaient déjà munis d'un appareil. Cinq ans plus tard, plus de 45 millions de personnes possèdent leur portable. Les opérateurs doivent désormais tâcher de séduire les dernières tranches de la population majoritairement non équipées : les *seniors* et les enfants.

Si les jeunes achètent spontanément des portables, ils ne le font pas de manière raisonnée. Ils se trouvent au centre de stratégies croisées, pris entre des recommandations parentales souvent paradoxales et les incantations des fabricants et des opérateurs, prompts à leur proposer « les dernières nouveautés » d'un marché très évolutif. Ambigus, les parents ? Ils soufflent le chaud et le froid, en tout cas. Car, si le « premier portable » est devenu le cadeau de référence pour les générations montantes, symbolique à souhait, « l'interdiction de mobile » est aussi la punition de prédilection, quand les choses vont mal (et accessoirement quand les premières factures arrivent).

Les opérateurs sont autrement plus conciliants pour gagner les faveurs des jeunes. Quitte à entretenir des flous dommageables. La communication est un marché où règne une certaine imprécision. Peu de réglementations ont été mises en place. Aucun prix n'est affiché sur le produit, comme c'est la règle habituellement. Et pour cause, l'offre du jour se trouve techniquement et commercialement déclassée par celle du lendemain ; et l'obsolescence, perfidement, confine à la ringardise pour nombre de ces jeunes si *branchés*, qui s'épient, se copient et veulent cependant coûte que coûte se distinguer.

En moins d'une décennie, les TIC (et surtout la téléphone mobile) ont formidablement réussi leur percée. Or, les jeunes sont plus concernés par cette révolution « technico-sociale » que leurs parents. Élevés au biberon numérique, déliés des obligations professionnelles et familiales de leurs aînés, ils considèrent ces TIC comme des « extensions du moi ». Ils les surinvestissent, y consacrant beaucoup de temps, d'argent, et une charge affective peu commune. Ils font surtout preuve d'une dextérité et d'une ingéniosité incroyables dans l'appropriation des « machines à communiquer ». Car, contrairement à maints adultes, ils ne nourrissent aucune appréhension particulière dans l'apprentissage et l'utilisation des TIC. Ils cherchent systématiquement à explorer toutes les dimensions de ces outils et à en exploiter toutes les possibilités. Alors que leurs parents sont presque tous frappés du « syndrome du manuel technique[11] ».

Quelques chiffres sont explicites : 7 % des enfants de moins de 11 ans sont déjà équipés en mobile. Le téléphone apparaît donc dans les classes, alors que les enfants s'échangent encore des vignettes japonaises ! À 14 ans, 72 % des jeunes possèdent leur portable, et presque 100 % à la fin de la scolarité. 92 % des 11-17 ans envoient régu-

11. Je veux parler de ces modes d'emploi venant d'Asie, traduits dans un français très incertain, et qui tombent des mains dès qu'ils sont ouverts. Et pourtant, il faudra bien se résoudre à les « décrypter » pour installer la « dernière merveille technologique » acquise.

lièrement des SMS (19 par semaine en moyenne, contre 9 pour les adultes). Les très jeunes envoient aussi des SMS+, ces SMS agrémentés de petites figurines animées ou de *jingles*. Et puisque tout se paye, ceux-ci sont dûment surtaxés, coûtant environ 0,50 euro. À l'avenant, 23 % des jeunes envoient des MMS (« SMS-photos »), alors que cette pratique reste très marginale chez les adultes[12]. Ce sont ces mêmes ados qui votent massivement par SMS, lors des émissions de « télé-réalité » comme la Star-Academy. 25 % des 11-17 ans se livrent à ce discutable exercice de démocratie numérique directe, contre 14 % pour le reste de la population. 11 % des ados utilisent aussi Internet sur leur mobile (WAP ou I-Mode), contre 5 % d'adultes. À l'avenant, le Credoc nous apprend que 86 % des mineurs jouent sur leur mobile, contre 23 % seulement pour les plus de 18 ans. Ces quelques chiffres, qui expriment de manière édifiante la « boulimie communicationnelle » des jeunes, expliquent surtout qu'ils soient devenus la cible de prédilection des fabricants et OTM. Or, il faut savoir que le budget mensuel moyen d'un ado est de presque 53 euros. Et dès lors que le jeune (parfois enfant) est « équipé », il sera directement sollicité sur son mobile, via SMS publicitaires et autres propositions de téléchargement. Le mimétisme jouant à plein dans les cours de récréation. Si les opérateurs ne viennent pas aux jeunes, ceux-ci vont à eux, résolument. On comprend pourquoi

---

12. L'enquête que j'ai menée, et dont le compte rendu critique suit, fait état de chiffres bien inférieurs concernant les MMS. Entre 17 et 21 ans, cette pratique est très marginale.

j'évoque le pragmatisme absolu de la propagande des opérateurs, sans qu'il faille y voir de l'anti-libéralisme primaire.

Propagande ? Le mot n'est pas beau. Alors on l'a remplacé par *publicité*, tellement plus consensuel. Changer les mots, cela revient à rendre les choses indolores. Mais ce ne sont pas les mots qui sont violents, c'est la réalité. Alors, on peut parler de propagande, quand on sait comment les OTM s'adressent aux (très) jeunes.

Ainsi tout parent devrait-il écouter un petit moment une de ces radios dites « jeunes », rendez-vous quotidien de millions d'ados. Les commentaires en « débit mitraillette » des animateurs et la diffusion des morceaux de rap et de R'n' B sont entrecoupés par des spots qui disent tous la même chose en substance : « Tu veux rencontrer des mecs et des nanas hyper-cool, *open* et libérés !? Tu rêves d'une photo très *hot* de Britney en fond d'écran ? Tu kiffes le générique de la nouvelle Star-Ac ? Alors appelle vite le 08... »

Sous forme d'antienne *hip-hop,* le message revient sans cesse. Et c'est ainsi que des centaines de milliers d'euros transitent des poches adolescentes à des firmes pour le moins cyniques. L'opération passe presque inaperçue : il suffit de composer un numéro en 08 (surtaxé) pour que le « transfert de fonds » se fasse sans coup férir dans la seconde. Les petits ruisseaux, bien sûr, font les grandes rivières.

Quant aux magazines pour ados, leurs pages sont remplies de publicités les invitant à téléphoner dans l'instant, pour *chatter* ou avoir accès à mille services sur leur mobile (astrologie, conseils sexuels, potins sur les stars...).

Or, il ne faut pas miser sur la saturation du marché, qui deviendra tout simplement de plus en plus concurrentiel, mais avec encore de belles perspectives de développement (et donc de bénéfices). D'ailleurs, de nouveaux arrivants font leur apparition dans le monde de la téléphonie : il s'agit des « opérateurs mobiles virtuels », qui louent des réseaux. Bien sûr, ils ne sont pas inconnus des jeunes. Et pour cause, NRJ s'est associé à SFR pour créer NRJ mobile.

Et la chaîne M6, dans le même ordre d'idées, propose le téléchargement de musique ou de vidéos. Il va sans dire qu'elle tirera beaucoup d'avantages de l'interactivité et de la complémentarité entre ses programmes et ses publics. Et n'oublions pas que, demain (c'est-à-dire aujourd'hui), la télévision arrivera sur les mobiles 3G de nouvelle génération (l'UMTS). Heureuse coïncidence, les ados sont de gros consommateurs de chaînes musicales et de téléphonie. On comprend pourquoi les lendemains chanteront encore, c'est bien le cas de le dire. Le président du directoire de NRJ, Jean-Charles Mathey, annonçait récemment que « le mobile sera l'I-Pod de demain ».

Car l'évolution frénétique des technologies et des formats va ouvrir de plus en plus de passerelles. Les ados peuvent déjà écouter de la musique sur leur mobile, mais aussi mettre sur leur blog des photos prises avec leur téléphone portable. Ils *chattent* aussi sur ces mêmes mobiles, sur lesquels MSN est accessible. Ainsi, Orange va-t-il lancer LiveCom, un logiciel intégrant la voix, la visiophonie et la messagerie instantanée*. Voici donc le Saint-Graal des opérateurs : des « gamins » en ligne « H 24 », étant entendu que leur objectif est de générer (de vendre, en fait) toujours plus de connexions, quels que soient le support et le contenu. Plutôt que de conquérir de nouveaux marchés, on proposera le renouvellement des produits (dont le rythme d'obsolescence est effréné et à vrai dire effrayant). Sans oublier tous les nouveaux services, et l'invention de nouveaux usages. Rappelons entre autres exemples que les sites de rencontres pour célibataires, qui interconnectent des millions de *singles,* n'existaient pas il y a seulement dix ans.

Les lendemains chanteront donc, et ils babilleront même, si l'on évoque la sonde lancée récemment par les fabricants et opérateurs en direction de l'opinion, *via* le BabyMo. BabyMo.. ? Il s'agit du premier téléphone pour les « 5-10 ans ». Les tout jeunes enfants, voici donc une clientèle à conquérir. Ce « baby mobile », comme son nom l'indique, présentait l'apparence d'un jouet (minuscule et tout léger, donc si mignon). Il était doté d'un répertoire sommaire et de quelques touches à peine. Grâce à (son) BabyMo, le bambin pouvait joindre cinq correspondants aux numéros préenregistrés. J'emploie ici un imparfait transitoire, car des associations se sont saisies de ce dossier et ont fait interdire le « télé-jouet[13] » en raison du danger

13. L'Agence française de sécurité sanitaire environnementale (AFSSE) conseille d'ailleurs aux parents de veiller à ce que leurs enfants n'utilisent pas de manière excessive le téléphone mobile. Cette recommandation a été publiée le 21 juin 2005, sur demande des ministères de la Santé et de l'Écologie.

que représentent les radiations, auxquelles les jeunes cerveaux seraient beaucoup plus sensibles. Mais le BabyMo ou ses clones technologiques reviendront sans doute bientôt, « quand le public sera mûr ». On perçoit sans peine l'étendue du marché. Et les imbroglios familiaux auxquels son utilisation par de tout jeunes enfants pourrait donner lieu, dans le cas (fréquent) de parents séparés. « Si tu me prives de ça, j'appelle maman ! » « Et si tu ne veux pas que je regarde ce programme, j'appelle papa ! » Sans même évoquer les appels clandestins, depuis la chambre ou les toilettes.

LA « PERSONNALISATION », NOUVELLE MANNE COMMERCIALE

Cependant, les jeunes ados atteints du syndrome de la connectique aiguë sont des victimes assez consentantes. Ils souscrivent avec d'autant plus de zèle aux injonctions publicitaires que leur mobile n'est définitivement pas un objet ordinaire. La dimension symbolique et narcissique dépasse, et de loin, la simple fonctionnalité de ces appareils, qui servent tout à la fois à communiquer, à se divertir, à rester en contact avec sa « tribu », et à affirmer sa singularité, en se distinguant des autres.

Ces portables sont presque magiques pour les jeunes, reprenons-en conscience. La magie est intégrée, comme celle de Peter Pan, mais elle est là, et agit. Les mobiles permettent tout à la fois la pudeur dans l'expression (via les SMS), l'ostentation dans les manières d'être sociales, le jeu, seul ou en réseau. Ils permettent l'autonomie et sont aussi le cœur et la mémoire des émotions, le centre névralgique des liens communautaires.

Mais les téléphones offrent maintenant la possibilité d'être personnalisés à l'infini. À un âge où la tension est très forte entre « ressembler » et « se distinguer », on saisit le parti qu'avaient à tirer les fabricants de cette tendance à la *customisation*.

Très concrètement, il s'agit de la possibilité de choisir son fond d'écran, sa sonnerie, sa coque et mille autres accessoires parmi un catalogue immense et en renouvellement permanent. Ces (très chers) portables deviennent donc la signature de chacun, comme une griffe qui les singularise. Et qu'importe qu'il n'y ait plus grand-chose de personnel, tant les modes se recoupent et se copient, se caractérisant souvent par un mauvais goût avéré. Ainsi, les mêmes sonneries de séries télé ; ainsi, les voix de robots, de bébés ou de DJ qui travestissent celle de l'ado, donnant lieu à rires et commentaires, donc à durée de conversation accrue. Quand on n'appelle pas ses amis simplement pour leur faire goûter au canular dûment surtaxé.

À l'échelle mondiale, le marché de la personnalisation représente presque 3 milliards d'euros de transactions. Ainsi, 54 % des 11-19 ans ont déjà téléchargé des logos ou des fonds d'écran, 64 %, des sonneries, et 40 %, des messages de répondeur personnalisés. 40 % des 11-19 ans changent aussi la façade de leur mobile et acquièrent des étuis, des housses, des socles et autres *stickers* lumineux signalant l'appel.

Jouer sur la singularisation est une chose. Les jeunes ados souhaitent se différencier, ils adorent être remarqués et sortir du lot. Mais, parallèlement, ils sont régis par des logiques puissantes d'appartenance et d'identification au groupe. Les opérateurs l'ont compris, dont toutes les publicités vendent de la « communauté », de la « tribu » (*Do you speak Orange ?*). Ainsi la notion de « club » estelle omniprésente sur les pages d'accueil de leurs sites commerciaux. Et si on entre dans le club, on aura droit à des privilèges. Alors pourquoi se priver d'être heureux en entrant dans la bande ?

MAIS QUI PAYE ?

La conclusion de ce rapide tour d'horizon laisse songeur. Le pragmatisme des OTM est impressionnant. Une imagination publicitaire sans limites et une grande agressivité commerciale sont les bras armés des stratégies des opérateurs en direction des (très) jeunes. La convivialité qu'ils proposent est très intéressée, et la prétendue gratuité monnayée très cher. Car, en vendant des téléphones un euro, on propose des produits qui, déclassés rapidement, obligeront le jeune à le changer pour quelque chose de résolument plus *in*, sauf à subir l'opprobre de ses impitoyables amis. Les nouvelles technologies se situent maintenant au premier rang dans l'éventail de ce qu'il faut posséder et surtout montrer. Elles sont montées en puissance en quelques années pour venir concurrencer « fringues » et goûts culturels. La grande réussite des marchands de communication est d'avoir réussi à faire de leurs outils des objets symboliques à haute valeur ostentatoire.

Mais, surtout, les opérateurs souhaitent que les ados adoptent des réflexes communicationnels pour devenir des consommateurs dociles. À ce prix, ils seront (ou *seraient* ?) demain des abonnés modèles, achetant maints services depuis leur mobile, s'adonnant avec zèle à tous les usages que le marché – aidé par le *marketing* – ne manquera pas d'inventer.

Mais, avant que ces ados soient adultes, ce sont leurs parents, finalement, qui payent tous ces services par procuration.

Sans vouloir outrepasser le rôle qui est le mien, puis-je dire qu'il me semble important de rendre les jeunes conscients des stratégies commerciales à grande échelle qui se trament autour d'eux ? Car le *marketing* propose de plus en plus de produits technologiques ciblés pour les très jeunes, en invoquant la liberté, le tribalisme... En parler avec les ados, en mettant en évidence les contradictions du système, est souvent bénéfique. Le but n'est pas de provoquer un rejet de ces technologies, mais de mettre en débat et en discussion les alliances entre la « télé-réalité », l'industrie de la pop et le marché numérique. Et de rappeler que tout cela a un coût.

Ces jeunes sont-ils vraiment candides face à tout cela ? Poule aux œufs d'or ou dindons de la farce ? Au terme de mon enquête, j'ai pu distinguer deux attitudes assez distinctes : les jeunes ados (10-15 ans) subissent vraiment les effets de mode, de la pression publicitaire, du regard du groupe. Il *faut* avoir son blog, être sur MSN tous les soirs, télécharger parfois juste pour télécharger. Bien sûr, il faut aussi arborer un téléphone dernier cri, hyper-personnalisé, tout en sonneries, *gadgets* et fonds d'écran. Car, dans la cour de l'école et du collège, exhiber des produits *high-tech* confère une supériorité évidente. Et très jeunes, ils sont encore au premier degré, « à cran », « à bloc », comme ils disent eux-mêmes.

Un peu plus tard (15-18 ans), en revanche, les jeunes prennent conscience des stratégies *marketing*, ils perçoivent combien le conformisme social et commercial est à l'œuvre dans les pratiques numériques. Pour Quentin, 18 ans : « Le succès des TIC ? D'abord parce que c'est notre génération et surtout parce que les opérateurs visent principalement les 10-20 ans. »

Philip, 18 ans, pose une énigmatique équation : « Les TIC.. ? Plus de rapidité, moins de contacts, plus de matière, moins de personnalité, plus de commerce, moins de joie de vivre. » Le même avoue : « Mon portable est mon souffre-douleur, il m'arrive souvent de le casser. J'aime m'en détacher pendant plusieurs semaines. »

C'est l'âge auquel ils portent (surtout les garçons) un regard critique sur la « télé-réalité » et les « radios jeunes ». Ils constatent aussi que le temps passé devant l'écran est assez souvent du temps perdu. Alors, ils prennent leurs distances et se mettent à critiquer, parfois durement, ces technologies qui les « aliènent ». Mais c'est aussi l'âge où ils peuvent davantage sortir, partir en week-end, expérimenter l'autonomie; et accessoirement consacrer leur argent de poche à autre chose que des coques de téléphones personnalisées ou des *jingles* à la mode.

Symptomatiquement, c'est là qu'ils se mettent à détester le « parler SMS », à ne plus considérer MSN que comme un « téléphone écrit et gratuit ».

Vincent, 21 ans, est revenu de tout cela : « Les jeunes, les très jeunes, sont vraiment dépendants de cette *cyberculture*. Du coup, ils ne savent plus écrire ni parler français. Le langage texto est ravageur et ridicule : *G la N*, ou *J T kif*, *J T kif*, comme ils se l'écrivent sans arrêt ! C'est n'importe quoi, vraiment ! »

Nicolas, 18 ans, énonce les choses avec beaucoup de lucidité : « Il n'y a pas de valeurs dans le *cyberspace* et c'est ça le problème. Entre le piratage, la culture de masse et la pornographie, la *webculture* n'est pas très reluisante. Ouvrons les yeux : sur quoi se fonde la *cyberculture* ? Sur la société de consommation et sur la nécessité que ressentent actuellement les gens d'être ouverts aux autres. » Jérôme, étudiant en licence de communication, est encore plus direct : « Le succès des TIC auprès des ados ? Ces technologies sont indissociables de la sur-communication dans laquelle ils baignent et qu'on leur impose. »

Les ados se sont approprié les TIC, pour inventer avec doigté et intuition une nouvelle culture, qui n'est pas simplement technique. Cependant, il semble important de ne pas les laisser seuls devant les écrans ; c'est-à-dire, indirectement, en tête à tête avec les fabricants, opérateurs de téléphonie ou fournisseurs d'accès. Les firmes chercheront toujours à accroître leurs bénéfices. Et elles essayeront de vendre toujours plus (pour schématiser, mais à peine) de tuyaux et de contenus.

En revanche, c'est aux parents et aux éducateurs d'expliquer les tenants et les aboutissants de la société de la communication, et de mettre un peu de distance entre les jeunes et les écrans. Répétons qu'il ne saurait être question de faire un mauvais procès à des technologies providentielles, quand elles sont utilisées à bon escient. À décliner ici leurs vertus, sans doute prêcherais-je des convertis. « Les techniques les plus élaborées mettent à notre disposition une somme considérable d'informations. De tels progrès ne sont pas négligeables mais ils resteraient lettre morte si une relation privilégiée entre les éducateurs et de petits groupes d'écoliers ne branche pas le réseau des connaissances abstraites sur le seul "terminal" qui nous intéresse : ce que chacun veut faire de sa vie et de son destin[14]. » Vaste pari pour notre société, que de voir les nouvelles technologies ne pas se borner à proposer des jeux et des relations surtaxées, mais servir aussi des projets de vie.

---

14. Raoul Vaneigem, *Avertissement aux écoliers et lycéens*, Mille et une nuits, Paris, 1995, p. 44.

La culture numérique des ados

La manière dont les ados s'approprient les TIC relèvent bien d'une culture, puisque ces technologies ne sont pas pour eux des outils purement fonctionnels. Elles induisent une relation dynamique, permettant surtout le partage de contenus élaborés, et de quelque chose de plus. Elles se fondent sur des codes spécifiques, requièrent des compétences et se réfèrent à des valeurs, partagées par les membres de la communauté adolescente.

Essayons maintenant de comprendre l'étonnant succès de cette culture numérique des ados. Pourquoi connaît-elle un tel engouement ? Sur quoi se fonde-t-elle, comment séduit-elle et attache-t-elle tant de jeunes, les voyant délaisser les hobbies traditionnels de leur âge, au grand dam de leurs parents ? *Exit* le sport, la lecture, et même la télévision, qui connaît une vraie désaffection. Voici venir MSN, les jeux en réseau et la *blogmania*, nouvelles passions ésotériques et surtout *chronophages*.

Nous allons voir ce que cette culture *est*, et ce qu'elle *fait*. Quels sont ses fondements, et quels sont ses effets, en quelque sorte. Manière de radiographier, aussi, la nature des « RAO », ou relations assistées par ordinateur. Les chapitres à venir se fonderont précisément sur ce que j'avance ici.

La culture numérique des ados ? Tout de go, elle est ludique, personnalisée, dynamique, fulgurante et réticulaire. Et ce qu'elle fait ? Elle procure un sentiment de toute-puissance, des logiques relationnelles et culturelles de transgression, mais aussi une fascination, une frénésie et des addictions.

Voici, rassemblé en peu de mots, ce qui me semble être l'essence « psychotechnique » de cette culture d'un genre nouveau.

CE QU'EST LA CULTURE NUMÉRIQUE...

Elle est ludique, et c'est même le trait le plus essentiel, garant de son incroyable succès. Sur le Net, en réseau, en envoyant des SMS ou des MMS, en *chattant*, on ne fait que jouer, directement ou indirectement. Il y a quelque chose d'intrinsèquement drôle dans l'interface avec nombre d'écrans, quelle que soit la finalité de son « tête-à-tête » avec la machine ; sans même évoquer le pourcentage très important d'activités numériques qui sont des jeux au vrai sens du terme, ou dont la finalité est d'amuser (jeux en réseau, fichiers comiques, détournements parodiques d'informations réelles...). On saisit sans peine l'attrait de ces TIC, à côté d'un livre bien plus austère, et à vrai dire rébarbatif, désormais ; ou d'une télévision qui pousse à la passivité.

Dans son ouvrage *Homo ludens. Essai sur la fonction sociale du jeu*, Johan Huizinga démontrait que la quasi-totalité des activités humaines pourrait en fait constituer des jeux pour ceux qui s'y adonnent. Et c'est en vertu du plaisir substantiellement procuré que ces activités se perpétuent.

À cet égard, rien n'exprime mieux l'essence ludique des TIC que le *chat*. Il est indéniablement d'une grande pauvreté technique, et pourtant. C'est un jeu, et le dire ainsi est plus qu'une affirmation de principe. Il s'agit d'un jeu pluriel, tout à la fois avec soi et les autres (puisqu'il implique le désir et les identités), avec le style, la langue et la technique. Cette nature *ludique* explique en partie l'engouement qu'il suscite.

Damien, 19 ans, va dans ce sens, au prix d'un raccourci saisissant : « Nos parents jouaient aux Indiens, nous avec des petites voitures, les jeunes maintenant, ils jouent avec un PC. Parce qu'en fait, c'est vraiment des jeux, tout ça... » Et combien sont-ils à avouer *chatter* pour se détendre et « délirer », comme ils regardaient des séries il y a quelques années ?

Ensuite, les technologies de cette nouvelle culture sont personnalisées à outrance. Chacun se l'approprie pour en faire une niche intime. Elément révélateur, on prête rarement son téléphone portable, qui est devenu une authentique extension du moi. Et pour cause, il est garant de la mémoire personnelle (le répertoire), des souvenirs et des émotions intimes (les photos, les *jingles*, et surtout tous les SMS archivés, ces « petites madeleines intimes » qu'on relit avec plaisir et nostalgie, dès qu'on a un moment à tuer).

A priori, rien de moins convivial, rien de plus impersonnel qu'un téléphone ou un ordinateur. Mais ces machines à communiquer sont en train de devenir des machines à *se* communiquer, providentielles prothèses narcissiques pour bien des jeunes en quête de reconnaissance.

Et ces petites machines tiennent de l'animal domestique : suivant leur propriétaire partout comme un toutou (ou le doudou des tout-petits), elles sont entourées des mêmes attentions, connaissent un investissement affectif similaire, tout en remplissant les mêmes fonctions de réassurance contre l'ennui et l'angoisse. « Tel portable, tel maître », pourrait-on presque dire de ces mobiles que les jeunes caressent incessamment, qu'ils traînent partout avec eux, et qui éveillent leur joie quand ils vibrent et clignotent, comme un chiot qui s'ébrouerait après une sieste, pour aller jouer...

Et demain, la miniaturisation des ordinateurs portables et la généralisation du Wifi nous permettront d'être connectés en permanence aux réseaux. En attendant le bus ou son tour au supermarché, nous pourrons surfer, *chatter*, jouer, nous documenter, « être en contact ». On se souvient de l'obsession du lien...

On pourrait parler de « technologies de l'ego » pour évoquer le *chat* (où l'on passe son temps à se raconter), *a fortiori* pour les blogs, qui projettent l'intimité à ciel ouvert sur la grande toile du Net. Tout cela favorise la mise en scène autant que la scénarisation de la vie personnelle et de la personnalité.

On peut le dire ainsi : « l'ordinateur perso », et le mobile surtout, ne sont rien moins que les nouveaux sièges de l'intimité pour ces ados en quête identitaire. Les espaces *spatiaux* (c'est-à-dire réels) comme la chambre se sont trouvés déclassés, au profit de ces machines dont le noyau dur est virtuel, désormais. La vraie effraction ne consiste plus à entrer dans les lieux intimes de l'autre, mais à fouiller ses « mémoires numériques ».

Fait révélateur, les enquêtes de police dirigent désormais leurs fouilles vers les disques durs des suspects, plus qu'elles ne perdent de temps dans leurs maisons et appartements.

La culture numérique des ados est de même dynamique, en ce sens qu'elle est en évolution constante. Le livre se caractérise par une stabilité, voire une immuabilité. S'ils ne sont plus gravés dans la pierre, les mots sont néanmoins prisonniers de la page, qui les pérennise, pour les transmettre aux générations suivantes. C'est à ce prix que nous lisons les classiques des siècles antérieurs, et même les philosophes de l'Antiquité. Dans un autre registre, on n'a aucune prise sur les programmes télévisuels ou radiophoniques. Rien à voir avec le Net, eu égard à la labilité et à la plasticité du support, autant qu'au fait que tout le monde peut participer à la production du savoir global, en évolution constante. On peut « copier-coller », retoucher puis *forwarder* tout ce qui se trouve sur la Toile. Nombre de sites précisent la date et l'heure de la mise à jour des informations proposées, tant on sait que celles-ci pourront être rapidement dépréciées.

Enfin, nombre d'activités en réseau ne trouvent leur sens que dans le fait qu'elles nécessitent une collaboration permanente et une « co-construction ». Sans ce dynamisme obligé, elles n'ont plus lieu d'être. David, étudiant en licence, confirme : « En fait, les jeunes sont actifs grâce aux TIC, à l'inverse de la culture télévisuelle, où ils étaient complètement passifs. »

La culture numérique des ados se caractérise par ce caractère évolutif. Entrer dans la ronde (en se connectant), c'est accepter de recevoir des messages et des alertes en continu, d'être mis en situation de veille permanente, pour pouvoir réagir simultanément.

Tyrannie du branchement, encore, et hantise de sortir du réseau. Car cette matrice étonnante « bouge, avance et progresse » sans cesse, en donnant l'impression à ceux qui se déconnectent qu'ils n'en sortent qu'à leurs risques et périls.

Cette « néo-culture » est fulgurante, car elle abolit les notions traditionnelles de temps et d'espace. Il y a quinze ans, envoyer une lettre aux États-Unis prenait une semaine environ, et il fallait presque doubler le temps de voyage de ce *snail mail* (« courrier escargot ») pour l'Afrique ou l'Australie.

On comprend tout le sens de l'adjectif *fulgurant* quand on sait que le même message, sous sa forme numérique, met aujourd'hui moins de quatre secondes pour arriver à son destinataire.

Or, les ados de 2006 n'ont pas connu les fastidieuses contingences postales. Ils ont grandi affranchis des contraintes spatio-temporelles antérieures. Ne *chattent*-ils pas simultanément avec un copain de classe et avec un « contact » se trouvant à quelques milliers de kilomètres, et à sept heures de décalage horaire ? Ne visitent-ils pas des lieux numériques en quelque sorte imaginaires, en surfant depuis leur chambre ? On comprend la souveraine impatience qui caractérise la génération de Jérémie dès qu'elle se trouve confrontée à une attente, à une inertie, à une frustration. Grâce aux TIC, ils ont construit leur identité autour des figures d'Alice et d'Aladin, puisqu'ils se jouent de l'espace et du temps, passant d'un univers à un autre comme par magie. On saute le pas – deux clic, un clac ! – et les voici projetés dans une autre dimension, non de l'autre côté du miroir, mais derrière l'écran.

Le livre souffre d'une désaffection chez nombre d'ados, au profit d'Internet. La culture au sens classique et livresque du terme exige une ascèse, une humilité et des trésors de patience devant ce qu'il faut lire et méditer avant de « savoir ». En vertu des pouvoirs qu'elles confèrent, les TIC permettent aux jeunes n'anéantir les limites de l'espace et du temps. Oui, les ados de 2006 sont de petits génies qui vivent dans une apesanteur spatio-temporelle inconnue de leurs parents. Sur le Net, le corps est absent, les identités sont en suspens, alors que le temps s'accélère spectaculairement. Où que l'on veuille être, on s'y transporte comme en trois mots-clefs.

La culture numérique des ados est réticulaire, enfin, c'est-à-dire qu'elle fonctionne en réseau.

Les machines à communiquer fondent leur principe et leur efficacité sur une interconnexion généralisée. Sur le Net, on agit et interagit en permanence à ce que l'on reçoit. Les fonctions *Réponse* et *Forward* (pour *Transfert*) sont les plus utilisées de la « barre Outils ». Elles permettent de réagir de manière instantanée.

Les TIC favorisent-elles l'individualisme et la solitude, en confinant les jeunes devant leur ordinateur ? Pas si sûr, quand on s'aperçoit que, là, ils sont en contact avec maintes personnes, avec qui ils discutent, jouent et mènent parfois des projets collectifs impossibles à envisager hors de la Toile.

Mais, en filigrane de cette connectivité frénétique, on perçoit sans mal la tyrannie du lien évoquée plus haut, ainsi que la pesanteur du caractère *phatique** des échanges : on discute pour discuter, on est présent sur les messageries pour voir qui est là, en signalant sa présence et en occupant l'espace, tout simplement.

Et ce que les TIC font...

Les machines à communiquer confèrent une forme de toute-puissance à leurs utilisateurs. Et cette toute-puissance, jubilatoire, est plus que métaphorique.

La toute-puissance naît aussi du fait l'on a accès à des corpus infinis via les moteurs de recherche, qui donnent une impression d'omniscience. Les jeunes en ont bien conscience. Selon Nora, 19 ans : « Les TIC nous donnent le pouvoir d'accéder à tout. »

Sortir de son corps, prendre des libertés avec son identité, être présent en de multiples lieux (fussent-ils numériques), « copier-coller » des masses incommensurables de documentation en quelques minutes sont autant de possibilités offertes par le Net. Se prêter une mémoire incroyable grâce à celles de son « ordi » ou de son mobile, voici des qualités démiurgiques, que nulle autre technologie n'offrait auparavant.

Les TIC, de même, induisent des logiques relationnelles d'effraction, et culturelles de transgression. Sur le Net et grâce à nos mobiles, nous sommes devenus une génération de passe-murailles. Mais il y a désormais dans cela bien plus de *Matrix* que de Bourvil. Nous passons nos journées à commettre des effractions bien plus réelles que symboliques, en entrant dans l'intimité d'autrui. Aux débuts du téléphone, les grands bourgeois refusaient d'accourir « quand on les sonnait », cette fonction étant assignée aux domestiques. Cette époque est révolue. Incessamment, nous faisons irruption dans la vie des autres.

Quant au téléchargement, il s'agit de pillage en règle, quels que soient les alibis culturels qu'on emploie pour se justifier.

Une génération vient, qui exporte vers la vraie vie les us et coutumes du Web, et c'est tout le système social des civilités qui se trouve mis à mal et foulé aux pieds, qu'on le déplore ou qu'on s'en félicite. Impatience totale, intrusion technologique systématique, dérision généralisée, tutoiement de rigueur, disparition des formules de politesse et « zapping relationnel » sont devenus les nouvelles manières de se comporter, qui traduisent la migration des pratiques électroniques vers le monde réel. Nous nous rendons coupables de maintes « incivilités numériques » tous les jours, sans même en avoir conscience.

En conséquence, les machines à communiquer génèrent des addictions.

Le livre impose sa logique immuable et sa temporalité lente. Car, livre en mains, on a dans la paume un contenu riche, mais fixe et intangible. La rationalité prévaut, ce qui n'exclut en rien le plaisir, voire la sensualité.

La « vraie vie » est parfois si morne, contraignante et douloureuse, à côté des plaisirs aériens et fulgurants du Web. On comprend aisément que certains préfèrent celui-ci, finalement. Les cyberaddictions* constituent une nouvelle pathologie apparue avec le Net, et qui frappe au premier chef la « génération SMS ». La vie familiale et sociale, l'alimentation, le sommeil et bien sûr les résultats scolaires s'en trouvent affectés. Et combien il est difficile pour les *teen-agers* de « décrocher », difficile, voire impossible. On en revient, encore, à l'obsession du lien, caractéristique de l'idéologie de la communication, dans laquelle tous ces jeunes ont grandi. Selon Damien, 19 ans : « Se déconnecter !? Impossible ! Les jeunes, les TIC, ils sont nés dedans. »

Nous nous arrêterons plus longuement sur ces addictions d'un nouveau genre. Elles touchent de plein fouet les ados, avec autant de force que d'autres types de dépendances jusque-là connues et référencées. Des études prouvent que le tabac se trouve maintenant battu en brèche par Internet et surtout les textos. Car, dans les cours de récréation, plus on « se SMS » et moins on fume. Question de disponibilité manuelle, déjà... D'une addiction à une autre, bonne nouvelle, alors ?

Les jeunes, les médias et les nouvelles technologies : un état des lieux critique

Cette partie entend apporter un éclairage sur les pratiques numériques des jeunes Français de 2006. Parler de ces pratiques numériques revient à évoquer en creux leur rapport aux autres médias. Nous allons voir que faire parler les ados des TIC amène à les faire prendre position sur des questions d'éducation, sur le livre et la lecture, sur la télévision, la presse et l'information. Ces nouvelles technologies sont devenues le centre névralgique des stratégies relationnelles et culturelles des jeunes. Et toute leur vie s'est réorganisée autour d'elles, en seulement quelques années.

Plus largement, je livre ici la synthèse de l'enquête menée pendant quelques mois auprès de 130 étudiants âgés de 17 à 21 ans [15].

---

15. Certains points de la synthèse ne seront toutefois abordés que brièvement, puisqu'ils sont par ailleurs développés en des chapitres spécifiques, comme ceux abordant MSN, Google, le téléchargement ou encore les *blogs*.

Ce qui a guidé mon choix, au moment de la constitution de mon échantillonnage, c'est d'abord une question de commodité, puisque ce sont mes étudiants, inscrits en DUT *Services et réseaux de communication* et en licence professionnelle *Communication et conception multimédia* (IUT de Dijon). J'ai eu donc tout le loisir de les interroger longuement, de leur soumettre mes doutes et mes hypothèses (qu'ils invalidaient parfois avec véhémence).

Précision importante, les filières *Services et réseaux de communication* proposent des enseignements en « techniques multimédia », mais aussi en communication sociale et interpersonnelle, en économie, en droit, en *marketing*, en langues... Un programme pédagogique interdisciplinaire, accueillant des étudiants issus de filières scientifiques (65 %) et littéraires (35 %). Il ne s'agit donc en aucun cas d'étudiants en informatique. S'ils ont une prédisposition à s'intéresser aux TIC, point d'obsession numérique de leur part.

Enfin et surtout, ces jeunes de 17 à 21 ans constituent une « génération charnière ». Ils ont en effet reçu une éducation fondée sur le livre. Puis ils ont assisté à l'arrivée et à l'essor des TIC, si on s'accorde à considérer que celles-ci ont véritablement émergé à partir de 1996, pour exploser en 2000. Les nouvelles technologies sont donc arrivées alors qu'ils étaient en cours d'apprentissage, à l'école puis au collège. Qu'on ne s'y trompe pas pour autant : aucun ne se reconnaît comme « un enfant du livre ». Avant tout, ils sont « fils et filles de la télévision », bien plus encore que de l'ordinateur. Ils sont nés une télécommande dans la main. C'est un peu plus tard que la souris, puis le portable et son petit clavier ont évincé la « zappette ».

Ils possèdent donc l'expérience de plusieurs systèmes techniques et culturels. Et ils sont à un âge où ils font preuve d'un vrai recul critique par rapport aux pratiques numériques. Tel Janus, ils regardent des « deux côtés ». Ils évoquent livres, médias audiovisuels et Internet, affichant très nettement leurs préférences. Ils font aussi référence à leurs parents et à leurs jeunes frères et sœurs. La tendance ? Alors que les premiers sont « complètement dépassés », les seconds sont « vraiment trop investis dans les TIC ».

La majorité de ces étudiants sont issus de la classe moyenne. Les logiques d'initiation aux TIC, les pratiques culturelles et le budget consacré au multimédia sont donc ceux de la moyenne nationale.

D'emblée, constatons que ce qu'ils disent du livre et de la lecture est d'autant plus surprenant qu'ils sont étudiants, inscrits pour certains d'entre eux en bac + 3. Leur rejet du livre est total, assumé, sarcastique même. Ils ont pourtant grandi à un âge où le livre avait encore la part belle dans le système éducatif, à une époque où il constituait une référence symbolique de premier ordre. Le désaveu et le discrédit dont il est l'objet sont inquiétants pour tous ceux (dont nombre d'enseignants et de chercheurs) qui font encore du livre « l'incontournable culturel ».

Le verdict de Gaëtan, 21 ans, est sans appel : « Les livres ne m'intéressent guère, de plus ils me rappellent le collège. Par contre, je lis souvent des BD, des mangas, ça j'adore ! » Le livre et le collège : de mauvais souvenirs rangés et brûlés ensemble...

Je précise d'ailleurs que tous les témoignages d'étudiants qui illustrent l'analyse n'ont bien sûr pas valeur de vérité dans ces pages. Ils ne constituent pas des arguments d'autorité, mais ont le mérite d'illustrer les opinions et la mentalité d'une génération.

Un niveau d'équipement au-dessus de la moyenne

La culture numérique des ados se fonde d'abord sur un éventail de techniques compactes et hétérogènes à la fois. Primat de la technologie numérique, interconnexion généralisée des objets et des individus, généralisation des écrans et des claviers, qui deviennent de toutes formes et dimensions. Étant entendu que, pour les années à venir, l'objectif des fabricants et des marchands de communication sera, de plus en plus, de fournir tous les contenus sur tous les supports. Donc, de l'information, du divertissement, de la relation et du service, tout à la fois, sur les écrans d'ordinateurs, de téléphones, de consoles de jeux et de télévision ; lesquels écrans, d'ailleurs, se couplent et se refondent. Révélateurs de cette tendance, les programmes de télévision et MSN arrivent sur les téléphones portables (donnant corps à la convergence des technologies et des applications). Et il est devenu commun de réaliser des montages vidéo de ses photos de vacances, puis de les envoyer à ses proches par Internet.

Première constatation, les jeunes sont beaucoup plus équipés que leurs aînés. Sur les 130 que j'ai rencontrés, on arrive au taux incroyable de 100 % pour le téléphone portable, et de plus de 90 % pour l'ordinateur personnel.

À l'approche de l'an 2000, on a beaucoup parlé de l'improbable (et très lucratif) bug. C'est à la fin de 1999, aussi, que les premières acquisitions de mobiles ont atteint des records. Mon échantillon ne déroge pas : ces jeunes sont très nombreux à avoir reçu leur premier portable (car il s'agit d'un cadeau des parents dans 80 % des cas) aux alentours de 2000, alors qu'ils avaient entre 13 et 15 ans. Et l'on sait que l'âge moyen d'acquisition du premier mobile tend à baisser. Les portables sont devenus monnaie courante au collège, où ils sont surinvestis symboliquement. Ils se généralisent maintenant dans le primaire. Demain, la maternelle ? Cela n'est pas seulement une boutade. Car on se souvient que BabyMo (le mobile des 5-8 ans) guette. Et il contournera peut-être bientôt les réglementations freinant son « accès au marché » ou la « rencontre de son public » (pour reprendre les formulations politiquement correctes du *marketing*).

On saisit en tout cas dans ce mobile offert par les parents toute l'ambivalence des situations engendrées : ces parents se plaignent que leurs enfants passent beaucoup de temps pendus au téléphone, ou à envoyer et recevoir des SMS (accessoirement à table lors des dîners familiaux). Mais ces mobiles constituent aussi un indéniable moyen de contrôle du va-et-vient des jeunes. Étant entendu que, de l'aveu même de parents, ce sont ces mêmes mobiles qui ont fait d'eux des taxis privés au service de l'ado itinérant (innombrables appels commençant par : « Allo, tu viens me chercher ? »).

À la faveur d'un curieux compromis, les abonnements et forfaits sont souvent payés à part égale par les parents et les ados eux-mêmes. Ainsi les témoignages expliquant en substance : « Je paye mon abonnement ADSL avec mon argent de poche, et mes parents règlent le forfait téléphonique », reviennent-ils assez régulièrement.

L'ADSL, justement. 70 % des sujets interrogés bénéficient de connexions à haut débit. Le problème, c'est que ces connexions ont souvent été souscrites au domicile familial. La semaine, peu ou pas équipés en chambre universitaire ou en studio, les étudiants rusent entre les salles d'accès à Internet qui se généralisent dans les facultés et les cybercafés. Et ils se « rattrapent » le week-end, en *chattant*, en jouant en réseau et en téléchargeant à grande vitesse. Ce sont alors, de leur propre aveu, des heures et des heures passées devant l'écran.

Dans les années à venir, le Wifi devrait nous permettre d'être connecté en haut débit sans plus aucune restriction matérielle, et où que nous soyons.

Les forfaits téléphoniques varient trop pour qu'on puisse établir des règles générales. On sait la guerre commerciale de façade que se livrent les opérateurs (sur fond d'entente illicite, d'ailleurs condamnée par les pouvoirs publics fin 2005). Et les jeunes sont des clients infidèles, poussés par leurs petits budgets (et le préjugé selon lequel « le Net, c'est gratuit ») à aller voir ailleurs, surtout si c'est moins cher.

Bien sûr, le *nec plus ultra* en termes d'abonnement téléphonique, ce sont les « illimités ». Mais ce qui leur sied aussi, c'est de pouvoir bénéficier d'un grand nombre de SMS mensuels. Quant à MSN, c'est devenu un téléphone écrit et gratuit pour les jeunes adultes. Nombre d'entre eux font de la messagerie instantanée un vecteur d'échanges factuel, ponctuel et surtout économique, une fois dépassées les années de *chat* intensif et communautaire. Abdelmajid, 18 ans, confirme cela : « MSN ? C'est comme le téléphone mais en gratuit et moins usant. Mais il n'y a rien de transcendant là-dedans. »

Pour le reste, 50 % environ des jeunes rencontrés possèdent un appareil-photo numérique, 40 % un lecteur MP3, et 60 % une clé USB. Olivier, 21 ans : « Ma clé USB, c'est comme un sac à dos miniature dans lequel je peux mettre tous mes fichiers, et tous les docs que je dois passer à mes amis. »

Ceux qui n'en possèdent pas envisagent de se les (faire) offrir dans les mois à venir. Enfin, les garçons sont encore 40 % à posséder une console de jeux, du type PS2 (si bien moins d'entre eux jouent *on line*).

Une fois le matériel acquis, c'est un budget moyen de 50 euros mensuels qui est spécifiquement consacré par ces jeunes aux TIC (forfaits et abonnements).

Un taux d'équipement (très) élevé (deux à trois fois supérieur aux moyennes nationales), une prédisposition à s'intéresser aux nouvelles technologies (via forums et presse spécialisée), un renouvellement des matériels et des logiciels fréquent (car souvent piratés), une manière d'utiliser ces TIC très différente de celle de leurs parents, puisque permanente, ludique, intuitive... Les bases d'une culture numérique sont posées techniquement, économiquement, dans les pratiques et dans les esprits [16]. Car ces jeunes ne connaissent aucune des résistances et aucun des freins rencontrés par leurs aînés, qui peinent, eux, à expérimenter, à passer d'un support à l'autre avec audace et naturel, dans la vaste sphère numérique. Mathieu, 20 ans, n'affirme-il pas : « Les jeunes investissent autant les TIC, car ils veulent être les maîtres dans un domaine, et supérieurs à leurs aînés » ?

Et de nombreux témoignages vont dans ce sens : les parents demandent souvent des conseils à ces ados pour acheter, et surtout utiliser les TIC. Ainsi, Julie, 16 ans : « Ma mère m'énerve quand je suis sur le PC. Elle n'y connaît rien, et elle ne veut faire aucun effort pour apprendre. Alors elle est toujours dans mon dos quand je *chatte* le soir. "Tu voudrais pas me chercher ci ou ça sur Internet s'il te plaît ?" Tout y passe, les promos pour ses vacances, ses anciennes copines de classe, qu'est-ce qu'elles sont devenues, la météo et même l'astro.

16. Désormais, grâce aux dotations et plans d'équipement et de formation, les enfants ont accès à l'informatique dès l'école primaire. Ils se familiarisent donc avec les TIC dès le plus jeune âge.

L'autre jour, je lui ai dit : "Eh, oh, c'est pas écrit Google, là !!" Elle me dit : "Tu peux bien le faire, ça va plus vite..." Je lui montre, pourtant : "Tu te connectes, tu tapes tes mots-clefs", mais non... Comme si elle avait peur du clavier... »

LES PRATIQUES NUMÉRIQUES DES (POST-)ADOS

Les médias, grands faiseurs d'opinions, glosent beaucoup sur les TIC. Pas une semaine, actuellement, sans que le téléchargement, Google et ses visées impérialistes, les blogs ou encore les cyberaddictions n'aient droit à la une des journaux. Et, systématiquement, on parle de « phénomènes de société ».

Au terme de mon enquête, deux révolutions numériques se dégagent, écrasantes en termes statistiques : MSN et Google. « Carton plein » pour la messagerie instantanée et le moteur de recherche, qui trustent tous les suffrages. 98 % des jeunes que j'ai interrogés utilisent MSN ; et 100 % ont le « réflexe Google » dès qu'il s'agit de rechercher quelque chose, tout et n'importe quoi. À ce niveau-là, le géant américain est bien un super-« *Quid* numérique ». Ces pratiques quotidiennes, presque permanentes, font prendre tout son sens à l'appellation *Technologies d'information* (Google) *et de communication* (MSN).

À côté de ces deux « hors-concours », les autres pratiques numériques restent bien moins massives, avec leurs adeptes, ceux que la chose indiffère, et de farouches opposants. Et l'on se souvient – discriminant important – qu'une ligne de partage sépare nettement les 10-14 ans des 15 ans et plus, en termes d'investissement symbolique des TIC.

Ainsi, les blogs, médiatiquement très cotés, qui concernent plutôt les très jeunes, et les filles. Moins de 20 % des 130 étudiants interrogés ont, ou ont eu, un blog. Carine, 19 ans : « Mon blog, je l'ai créé il y a 3 ou 4 mois, j'y ai mis une photo de moi et je n'y ai plus touché »... Ou Alexis, 20 ans : « J'avais monté un blog, que j'ai abandonné au bout d'un mois. Ça ne sert à rien d'écrire sur la routine. » D'autres racontent tenir un blog le temps d'un voyage ou d'un été, puis l'abandonner de guerre lasse au retour, quand le quotidien reprend ses droits.

Les jeux *on line*, de même, concernent un public de vrais adeptes, rassemblant moins de 10 % des interviewés. Les autres (nous le verrons plus loin) ont une image très négative de cette passion exclusive, « addictive et déstructurante » selon nombre d'étudiants.

La quasi-intégralité (95 %) des étudiants rencontrés envoient des SMS, pour des questions de coût (c'est très économique) autant que de discrétion. Et tous s'accordent à reconnaître qu'on dit par textos des choses que l'on ne dirait pas face à face. Pour le meilleur et pour le pire... Pour Carine, 19 ans : « Je pense que les SMS peuvent sublimer une relation amoureuse. En effet les SMS remplacent les billets doux des gentilshommes d'autrefois. » Mais Francis, 20 ans, tempère : « C'est plus simple de déclarer sa flamme ou de quitter quelqu'un par SMS. C'est plus impersonnel aussi... »

En revanche, le « parler SMS » si cher aux opérateurs (qui couvrent épisodiquement les abribus de publicités incompréhensibles) n'a plus la cote après le collège. Et il produirait même l'inverse de ce qu'il recherche, « l'effet tribu ».

Selon Lucille, 17 ans : « Je suis plutôt contre, à part quand il faut abréger quelques mots pour faire tenir le tout. Mais ce langage est souvent trop utilisé et certains SMS (même sur le Net) en deviennent illisibles. » Valérian, 21 ans, confesse : « Je suis vieux jeu, et même si l'orthographe n'est pas mon point fort, j'ai en horreur de recevoir des SMS en langage texto. » Selon Julien, 22 ans, ce langage qui n'en est pas un « crétinise l'adolescent moyen ».

Enfin, plusieurs jeunes évoquent implicitement les « incivilités numériques ». Ainsi, Bertrand, 22 ans : « C'est en partie grâce aux textos que je suis avec ma copine. Mais je n'aime pas ce langage, que je trouve bâclé. » Et Jean-Michel, 18 ans : « J'évite de l'utiliser lors d'un message à ma copine, car ça manque de respect. »

Tous ont par ailleurs une foule d'anecdotes sur les erreurs ennuyeuses et parfois fatales consistant à envoyer un SMS « à la mauvaise personne ». « Trop de Julien dans mon répertoire, aïe, vous voyez le truc... » confie Justine, 18 ans, de manière elliptique. D'autres disaient du mal de quelqu'un... qui a reçu le texto par mégarde... Et plusieurs avouent sans trop de honte s'être fait « larguer » par SMS.

Les MMS, par contre, constituent encore un échec retentissant. L'envoi de photos par téléphone mobile concerne bien moins de 5 % des 130 étudiants interrogés ; et pas seulement, semble-t-il, parce que beaucoup de téléphones ne possèdent pas encore cette fonction. La plupart d'entre eux ne voient tout simplement pas l'intérêt de la chose. Le succès du SMS tient aussi à son caractère discret, voilé, romantique, assurant le primat des mots, des sous-entendus, de l'implicite. Tout le contraire d'une photo, beaucoup plus réaliste et finalement intrusive. En outre, le coût de ces MMS est beaucoup plus élevé que celui des textos, et il n'existe pas encore de forfaits « MMS illimités ».

Idée fausse à laquelle il faut tordre le cou : le *chat* ne permet pas la rencontre avec des inconnus. L'intégralité des jeunes interrogés *chattent* exclusivement avec des amis. Mais l'effet MSN joue ici à plein, qui nécessite qu'en règle générale on connaisse déjà la personne que l'on retrouve sur la messagerie instantanée. Dès 17 ans, beaucoup ont d'ailleurs une approche très fonctionnelle du *chat*. Les soirées entières des « années collège » à délirer sur la messagerie sont loin. Pour Julie, 17 ans, « le *chat*, c'est pratique et économique. Mais *chatter* pour ne rien dire avec des inconnus, je trouve ça bizarre. Enfin on est tous passé par là ! ». Répétons-le : MSN, c'est avant tout du téléphone écrit et gratuit. Julien, 22 ans, « *chatte* uniquement pour économiser des factures de téléphone agaçantes. Je prends des nouvelles en demandant des choses bien précises ».

Une petite minorité (20 % environ) utilise une *webcam**. Pour Nora, 19 ans, celle-ci « permet de retranscrire par les gestes ce que les mots taisent ».

Ou alors on *chatte* avec l'image, et avec émotion, avec la famille éloignée, ou les amis expatriés. Ainsi, Lucille, 17 ans : « J'aime bien faire des visioconférences avec mon cousin qui travaille depuis quatre ans à Singapour par MSN. »

60 % de ces 130 jeunes téléchargent plus ou moins régulièrement des films et surtout de la musique. On distingue les « occasionnels », qui essayent de trouver sur le Net une chanson qui leur trotte dans la tête ; et les « professionnels » de la fraude en ligne, qui « rapatrient » dans leur disque dur des discographies entières, et dont l'ordinateur télécharge en permanence. L'impression de voler quelque chose ne les effleure guère. Internet est un espace de non-droit. Et on a si vite fait de se retrancher derrière les arguments un rien populistes, en évoquant les maisons de disques qui gagnent trop d'argent. Mais deux d'entre eux (infime minorité) ont reçu un mail d'avertissement, « avant sanction ». Alors on cesse aussitôt ces pratiques délictueuses, par peur des amendes mirobolantes infligées pour l'exemple, semble-t-il, à quelques malchanceux pris dans la masse. En revanche, les dispositions législatives récentes, ainsi que ces premiers avertissements, ont ouvert un large débat parmi les jeunes.

Les TIC ont-elles un sexe ? Oui et non. Non, car les garçons et les filles s'adonnent sans réserve aux nouvelles pratiques numériques, et qu'aucun sexe n'est réfractaire par principe à ces TIC (alors que la plupart des passions adolescentes antérieures étaient très sexuées). Oui, si l'on veut y regarder de plus près, pour s'apercevoir que les garçons sont beaucoup plus attirés par les questions purement techniques (ce qu'ils appellent le « bidouillage »), qu'ils sont adeptes quasi exclusifs de jeux *on line*, et avouent que, à choisir entre le Net et le téléphone portable, ils choisiraient sans hésiter la Toile. Alors que les filles incarnent la tendance inverse. Détail révélateur, les garçons seraient beaucoup plus nombreux à prêter leur téléphone (mais sous contrôle) pour dépanner quelqu'un, que les adolescentes.

Prêter son portable ? « Impossible, dit Laura, 21 ans. C'est comme un journal intime, il contient des SMS, des photos et des numéros de téléphone qui n'ont pas à être vus par tout le monde. » Charlène, 19 ans, renchérit : « Mon portable est ultra-personnel et je ne m'en sépare jamais. » La même confesse : « J'envoie souvent des SMS à mon copain sans raison. Quand je ne sais pas quoi faire, j'envoie des SMS à mes amis et puis j'attends... »

De même, les filles ont une prédilection pour les blogs, alors que nombre de garçons n'ont pas une bonne image de ces « journaux extimes ». Alexandre, 19 ans, par ailleurs animateur d'une communauté de joueurs en réseau, « déteste vraiment les blogs et les trouve ridicules ».

Enfin, une dernière constatation, qui revêt des implications sociologiques importantes : sur les 130 étudiants interrogés, une majorité (80 %) sait de près ou de loin concevoir des sites, « monter un blog », retoucher des photos. Or, tous ou presque ont appris cela seul, ou entre amis, aucun en cours ou en famille. Cet apprentissage en autodidacte ou en petits groupes de copains est révélateur de la manière dont ces jeunes ont investi les TIC : vaillamment, intuitivement et sans aucun complexe. Ils ont pris le savoir (et le pouvoir) tout seuls, sans l'aide d'aucun adulte. Et tous font état de leurs tâtonnements, de leurs essais infructueux, avant d'y arriver. Le mot « bidouillage » revient sans cesse pour qualifier ces manières de procéder.

Alexandre, 19 ans, explique avoir tout découvert sur Internet, où tout est bien expliqué (forums, tutoriaux, webmasters...). Et ils sont des dizaines à m'avoir confié, avec la fierté et la candeur de Simon, 20 ans : « Mon apprentissage des nouvelles technologies, je l'ai fait entièrement seul ! »

Les deux institutions qui transmettent traditionnellement des savoirs, l'école et la famille, ont été complètement évincées de l'accession aux TIC. Ont-elles failli, alors qu'une mission leur incombait ? Voire... Nous l'avons compris, en tout cas, nous nous trouvons devant un phénomène singulier d'inversion des rôles. Comme nous le dit Yoann, 19 ans : « C'est moi qui ai fait découvrir à mes parents l'ordinateur, Internet, les portables et les textos, par exemple. » Un témoignage parmi des dizaines d'autres de même teneur.

(TRÈS) MAUVAIS TEMPS POUR LA PRESSE ET LA LECTURE

Des informations paradoxales circulent sur la santé du livre en France. Le livre irait mal. Pourtant, des études nous expliquent qu'un ouvrage paraît toutes les cinq secondes dans le monde !

Médias et éditeurs vantent le succès des Salons du Livre pour enfants. Et ce livre aurait encore une belle cote dans les petites classes. Quant à l'effet *Harry Potter*, avec ses millions d'exemplaires et produits dérivés vendus, il constitue un prisme (sans doute trompeur) sur le rapport entre les jeunes et la lecture.

Au terme de mon enquête, et au regard de mon expérience d'enseignant, je me demande s'il n'y a pas lieu d'être bien plus pessimiste. Cela fait quinze ans que je vois pour ma part les étudiants lire de moins en moins, année après année; et maintenant ne plus lire du tout. Et l'époque où mes fins de cours étaient occupées à compléter mes bibliographies – requêtes de jeunes lecteurs passionnés par les sciences sociales – est bel et bien révolue. Quant à la crise récurrente dans laquelle se trouve plongée l'édition universitaire, elle constitue un autre révélateur du marasme. Soyons lucides : la lecture et la presse, surtout, sont très mal en point.

J'ai demandé aux 130 ados et post-ados interrogés de classer par ordre de préférence et de fréquence d'utilisation quelques médias et/ou moyens d'information : radio, télévision, Internet, livres et presse, cinéma. J'avais même introduit un intrus dans la liste, le téléphone portable (qui n'est pas un média au sens classique du terme). Verdict : 80 % des réponses classent Internet numéro un, le mobile deuxième; et presse et livres arrivent en dernière position. La télévision est presque aussi malmenée, d'ailleurs, n'arrivant en tête des réponses que dans 5 % des cas. Le petit écran ne garde un intérêt que pour les « séries », qui ont leurs fans inconditionnels, les journaux télévisés, et quelques émissions bien ciblées. Est-ce une solution de repli ou de rechange pour cette télévision, de migrer vers les nouveaux écrans, ou de réapparaître sur les *media-centers* et autres *box* à tout faire ? Très probablement.

La lecture, revenons-y, est délaissée par la génération de Jérémie. Même les étudiants en licence avouent ne pas lire, ou alors un roman de temps en temps… Et ils lisent alors Stephen King et d'autres auteurs de polars de cette farine. Ou de la « littérature de supermarché ». Mais c'est un versant entier de notre patrimoine culturel qui, pour la première fois, est en déshérence totale, à l'université de surcroît.

Manque de temps, de motivation, d'habitude… ? Un peu de tout cela. Et puis surtout, de nouvelles pratiques culturelles (numériques, en fait), qui prennent beaucoup de place. Dungula, 18 ans : « Je lis peu parce que je me consacre beaucoup aux TIC, voilà, c'est comme ça. »

Le plus grave, c'est peut-être la représentation que tous ces jeunes ont de la lecture. Hugues-Charles, 20 ans : « Lire… ? Je trouve que c'est une perte de temps. » Quant à Cédric, 22 ans : « Je lis quand même parfois Stephen King. Sans doute que je ne prends pas le temps de lire plus, trop absorbé par le Net. » Enfin, Anne-Laure, 19 ans : « Je ne lis pas par manque de temps et parce que, quand je rentre chez moi à la fin des cours, je n'ai pas forcément envie de me plonger dans un livre. »

Désormais, lire revient désormais à lire des magazines et des BD de type manga. Et ils sont très nombreux à répondre spontanément qu'ils feuillettent des magazines (spécialisés, techniques et même *people*). Lire signifie avoir un support papier entre les mains[17]. Mais aborder la question des contenus, c'est une autre histoire.

La presse, qui traverse elle aussi une très grave crise, a de quoi être bien pessimiste aussi. Il y a quelques années, les étudiants arrivaient communément en cours avec *Libération* ou *Le Monde* sous le bras. Le commentaire souvent passionné de l'actualité occupait les pauses et les réunions au café après les cours. Plus rien ne subsiste de cet esprit.

On sait les graves difficultés que connaissent ces deux quotidiens (*Libération* et *Le Monde*), entre autres. Et il y a une corrélation avérée entre les nouvelles manières de s'informer des jeunes et cette crise.

Qu'en est-il aujourd'hui des pratiques d'information de ces jeunes ? En fait, ils ne s'informent pas, ou peu. Leur rapport à l'information est assez passif. Il faut que celle-ci vienne à eux. Ainsi, Nora, 19 ans, avoue « s'informer dans les conversations ou alors en bref, à la radio ». Quant à Franck, 19 ans : « Partout les gens parlent des

17. Dans une étude parue dans le numéro 165 de la revue *Sciences humaines* (juin 2005), le sociologue François de Singly arrive à des résultats différents des miens, moins « catastrophiques » pour la lecture. Selon lui, « les étudiants lisent encore ! ». L'enquête a cependant été menée auprès d'étudiants inscrits en lettres et sciences humaines. Mais il relève aussi un temps de plus en plus long consacré à « la lecture sur écran ».

infos, les titres des journaux sont suffisamment gros pour savoir de quoi on parle. Dans les magasins, on entend les informations par les radios. Impossible de ne pas être informé. » C'est une manière de voir les choses...

Et surtout, plus aucun étudiant ne se dit passionné par l'actualité, comme j'en rencontrais souvent il y a quelques années.

Cette crise profonde touche la citoyenneté dans son acception globale. On découvre une génération assez distante, et même indifférente aux malheurs du monde et du temps. Des catastrophes, des grandes crises, on a les images télévisuelles, ou les bandeaux numériques du Net, quand on arrive sur sa page d'accueil. Mais, fait révélateur, aucun événement ne mérite l'achat d'un journal.

Éric, 21 ans, reconnaît : « Je ne m'informe pas, je zappe. » Et les journaux télévisés constituent pour la plupart d'entre eux un moyen rapide et efficace « de savoir ce qui se passe ».

Internet, encore, revient comme média et moyen d'information favori, pour nombre d'entre eux. Alexandre, 19 ans : « Toutes les informations dont j'ai besoin se trouvent sur Internet. » Ce même Alexandre qui veut voir dans les TIC une « source de culture infinie ».

Quant à Florian, 21 ans, il explique : « Je suis sur Google News toute la journée... »

Fait plus « grave » encore, dans la lente descente aux enfers que vit la presse quotidienne : pour beaucoup de jeunes, désormais, l'information, ce sont les parodies d'informations, comme « Les Guignols de l'info » ou « Le Vrai Journal » de Karl

Zéro. Presque 20 % de ces jeunes, inscrits à l'université, répondent en toute sincérité qu'ils s'informent via « les Guignols »...

Le livre a perdu son aura symbolique, la télévision est déclassée, et la presse aura probablement de plus en plus de mal à convaincre les jeunes à venir « au papier », alors que tout est si simple et gratuit *on line*. Nous sommes désormais en présence d'une génération pour laquelle – j'en arrive à cette conclusion – Skyrock, « les Guignols », Internet et les JT « tout en images et en 6 minutes » constituent des références journalistiques et culturelles, et par extension...

Une génération sans illusions

Et pourtant... Ces jeunes se révèlent très lucides sur leurs lacunes culturelles, et on devine quelque chose de conjuratoire dans leur détestation du « langage SMS ». Ils sont aussi conscients des limites d'Internet et des dangers de la société numérique. Ils ne pourraient pas se passer du Net, mais ne sont pas « technolâtres » pour autant. Et si l'esprit citoyen, chassé par la porte, revenait par les écrans ? Néhémie, 18 ans, explique : « Les dangers des TIC, c'est la perte de certaines valeurs, et un désintérêt pour la politique, bien qu'il y ait une ouverture sur le monde. » Selon Francis, encore : « Le temps qu'il passe derrière son écran d'ordinateur, l'utilisateur ne le passe pas à faire des actions citoyennes (comme les associations par exemple), il se replie sur lui, il a moins de contacts avec les autres. » Et Emmanuelle, 19 ans, explique : « Les gens ont de plus en plus peur d'aller vers les autres. Ils préfèrent rester derrière leur écran à s'inventer un corps à la Brad Pitt. J'ai du mal à comprendre cet engouement. »

Les deux craintes majeures de tous les étudiants que j'ai rencontrés résident dans la désocialisation qui guetterait les adeptes des TIC et, surtout, les dépendances créées par ces technologies.

David, un étudiant de licence, affirme lucidement : « Le principal danger ? Pour moi, c'est l'écart qui se creuse entre les connectés et les non-connectés... Ça touche les pauvres et les riches... Et puis aussi les jeunes et les vieux. »

Et pour Gaëtan, 21 ans : « Les dangers que je vois dans les TIC ? La fracture sociale entre ceux qui y ont accès et les autres. Et puis la dépendance, car ces technologies, ce sont de nouvelles drogues. »

La notion de « drogue » est très souvent utilisée. Ce qui n'empêche pas ces jeunes d'être par ailleurs « hyper-connectés », et d'avouer qu'ils pourraient difficilement se passer de leur mobile ou du Net plus de quelques jours. Cure à laquelle tous avouent s'astreindre le temps des vacances...

UNE CULTURE NUMÉRIQUE ?

Au terme de ce panorama critique, peut-on qualifier de « culture numérique » les nouvelles pratiques culturelles des ados ? Très probablement, si l'on considère que les nouvelles technologies sont bien plus que de simples outils, bien mieux que des tuyaux pour cette génération.

Les TIC sont porteuses de contenus culturels avérés, fussent-ils proposés sous des formats nouveaux par rapport aux formes connues auparavant. Elles induisent donc des modes d'accès aux savoirs et de consommation culturelle qui n'existaient pas il y a dix ans.

Mais la culture réclame aussi un partage. Je le dis par ailleurs dans ces pages, la culture, pour les anthropologues, « c'est ce qu'il faut savoir pour appartenir à une communauté donnée ». Là encore, la génération de Jérémie souscrit à cette définition, consciente que la communauté adolescente existe dans les TIC (MSN notamment), et d'être sur ce point différente des parents, des aînés. Cette nouvelle culture qui s'invente dans les arcanes des réseaux possède ses codes, ses règles, ses langages (qui ne sont pas seulement informatiques), ses icônes, ses mythes, ses tribus et son éthique ; connus et partagés majoritairement par les 10-20 ans.

La culture numérique des ados requiert aussi de leur part des ruses, des détournements, des accommodations, comme l'expliquait Michel de Certeau. Tous les ados que j'ai interrogés ont l'intuition d'être détenteurs d'un savoir nouveau. Celui-ci existe dans ce qu'ils arrivent à faire des TIC, autant que dans ce que les TIC font d'eux, comme individus et communautés. C'est un savoir intuitif, dynamique, qui fait d'eux des êtres sociaux, des consommateurs et des citoyens différents. Ils ne le savent pas encore, mais ils vont inventer un modèle de société inédit, qui devra beaucoup aux tuyaux, mais sera – espérons-le – bien supérieur au simple couplage du *hardware*, du *software*, et de la convivialité vendue en kit.

Souvent seuls, ces jeunes se sentent appartenir à des communautés; communauté adolescente, communauté des internautes, des blogueurs ou des joueurs *on line*... Mais tous réfutent assez durement l'idée de tribu, en rejetant le principe même.

Le tribalisme, selon eux, « c'est un truc inventé par le *marketing* ». Léa, 15 ans, passionnée par MSN, s'oppose pourtant à toute idée de tribu numérique : « Ben, tout le monde est équipé maintenant, donc il ne peut pas y avoir de tribu. Une tribu, c'est quand on est juste quelques-uns, non... ? Ou alors y' a des tribus autour d'une marque, mais alors je trouve que c'est nul. Moi, je veux ma musique, mais que ce soit sur ma clé USB ou en I-Pod, c'est pareil, c'est ma musique. » Quant à Emmanuel, 18 ans, il affirme que « les jeunes adorent les TIC pour fuir le réel et s'intégrer à un groupe social. Par pure dépendance. Et parce qu'on a tout fait, commercialement, pour qu'ils fassent ainsi ».

Et puis, bien sûr, il y a Linux et Apple qui, dans leurs domaines respectifs, arrivent à agréger de vraies communautés de fans. Ainsi, Valérian, 21 ans : « En possédant un système d'exploitation Linux, j'ai vraiment l'impression de faire partie de la tribu du *libre*. Et quelque part je me sens redevable, donc je fournis gratuitement le code source des logiciels que je développe. » Exception notable, qui confirme la règle.

Cette génération est individualiste, sans aucun doute. Mais aussi, paradoxalement, hantée par l'angoisse d'être oubliée. Gauthier, 17 ans, exprime bien cette ambivalence : « Pour moi, il n'y a rien de pire que d'être seul, alors, le *chat*, c'est pour moi la possibilité d'être en contact avec mes amis, quand je ne peux pas me déplacer. Ça ne sera jamais aussi bien qu'un *visu*, mais c'est toujours mieux que rien du tout. » Frédéric, 19 ans, confirme : « Les jeunes veulent se rassurer avec toutes ces technologies parce qu'ils se sentent très seuls, au fond. »

En fait, leur adolescence semble s'étirer indéfiniment, disant en creux comme un refus ou une peur de devenir adultes. Et puis les jeux, toujours, et les relations, la culture, le monde comme parodie généralisée. En fait, « les adolescents ont, dans l'ensemble, un regard assez désabusé sur le monde et ne croient plus guère qu'on puisse le bouleverser. Comme le dit l'écrivain et chanteur Yves Simon : "Ils ont rangé dans les armoires de l'histoire la volonté de le changer et abandonnent l'universel pour des territoires à leur mesure, ceux où se portent leurs yeux et leur cœur" [18] ». Des yeux et un cœur qui ne sont désormais jamais très loin des claviers et des écrans, qui leur permettent de se jouer des relations, du corps, de l'identité, grâce aux subterfuges techniques offerts par les TIC.

18. Michel Fize, *Les Adolescents*, Le Cavalier bleu, collection « Idées reçues », Paris, 2002, p. 101.

DEUXIÈME PARTIE

FAITS ET EFFETS SOCIAUX, MÉFAITS CULTURELS… ?

MSN, l'utopie relationnelle des ados

La nouvelle « île aux enfants », la voici : MSN Messenger, la « messagerie instantanée » de Microsoft. En quelques années, elle a pris une importance absolument incroyable dans le cœur et surtout l'emploi du temps des 12-18 ans. Elle a acquis le statut de phénomène de société, tout en écrasant ses concurrentes (Yahoo, AIM...). Elle est surtout devenue le média de prédilection des jeunes, déclassant une télévision hier encore indétrônable, ringardisant *sine die* la presse et les magazines. Seul le cinéma tire encore son épingle du jeu à leurs yeux.

Difficile d'ignorer MSN, tant les magazines grand public et les reportages télé, tous fascinés, lui consacrent de sujets, tour à tour alarmistes et exaltés. Même l'austère et très sérieux quotidien *Le Monde* consacrait à MSN une une suivie d'une pleine page en mars 2005 : « MSN, la messagerie qui dévore les soirées des ados ».

« Tous accros à MSN », titrait quant à lui finement un numéro spécial de *L'Express* consacré à la « culture ado ». Et de présenter, à travers les tableaux de six *teenagers* de 12 à 16 ans, les vertus comparées de la messagerie instantanée. Tous écrits à la première personne du singulier, ces témoignages faisaient l'éloge de la libre expression, et la louange unilatérale du lien. « Je *chatte*, donc je suis », ou l'impératif catégorique des ados de 2006, connectés « H 24 » ou presque. Mais *chatter* pour (se) dire quoi… ? Voilà ce que voudraient savoir les personnes en charge de l'éducation de ces jeunes.

« L'île aux enfants » et l'utopie. Ces deux expressions conviennent assez bien à MSN et soulignent bien son insularité.

Il s'agit d'une île presque réelle, avec ses passerelles et ses passe-droits, ses codes, ses recoins, ses emblèmes, ses portes et ses ponts. Les mots sont révélateurs, et les jeunes disent qu'ils *vont* sur MSN, après tout. Mais « l'utopie MSN », avant d'être topographique, est relationnelle et sociale. La communauté MSN, comme celle décrite par Thomas More, est en fait un monde qui n'a rien d'anarchique, mais est très organisé, même, subissant des systèmes d'autocontrôle et de régulations très forts. Et cette communauté est solidaire, chacun étant là pour conseiller, entraider et soutenir ses amis. Ainsi, quelle n'est pas la surprise de certains profs de s'apercevoir que des devoirs (et pas seulement les exposés) sont faits en groupe sur le forum, les plus forts mettant leur savoir dans le « pot commun » ?

Enfin, des valeurs de tolérance, d'ouverture, de partage et de bonne humeur prévalent. Les fâcheux et les aigris doivent s'abstenir, sous peine de recevoir des *flames*, ces petites animations numériques virulentes chargées d'exprimer le juste courroux de la communauté enchantée.

RADIOGRAPHIE D'UN SUCCÈS PRÉVISIBLE

MSN est apparu il y dix ans. Cette messagerie instantanée est passée par des phases expérimentales – déjà techniquement – avant de connaître son incroyable essor, au tournant du millénaire et au gré des nouvelles versions. Car les améliorations constantes apportées par les concepteurs à leur produit, le souci de permettre aux internautes de personnaliser à outrance l'interface, et le principe de gratuité totale, surtout, expliquent l'engouement des publics adolescents pour ce nouveau média. Une étude réalisée en 2004 par Médiamétrie nous apprenait que près de trois jeunes sur dix, âgés de 11 à 20 ans, utilisent tous les jours ou presque les messageries instantanées.

Cette fréquentation quotidienne, spectaculaire au regard de la jeunesse de ce média, se fait au détriment du *chat* traditionnel, des mails et du téléphone. En ce sens, MSN constitue un vaste creuset technique et relationnel dans lequel des médias antérieurs sont « refondus ». Et cette gratuité est *aussi* évoquée par tous les jeunes, qui échangent et s'amusent sur MSN, en y réalisant accessoirement de substantielles économies sur leur argent de poche. Petite revanche du marché sur le capital. Et MSN, comme bienveillant *mécène*, alors, des amours adolescentes.

L'arme fatale de MSN, c'est sans conteste que les échanges y ont lieu en temps réel, avec cette impression si agréable de simultanéité et de fluidité dans les rapports. Les messages sont lus en même temps qu'écrits, ou presque. Plus besoin d'ouvrir des boîtes d'envoi, d'y taper des adresses, et d'attendre quelques secondes ou quelques minutes pour avoir la réponse de son interlocuteur, dont on ne sait d'ailleurs pas s'il est connecté ou pas. La fenêtre MSN, toujours ouverte, permet de visualiser ses contacts, et de voir en continu « qui entre et qui sort » ; avec le risque de devenir un « guetteur numérique ». Et combien d'ados avouent attendre des heures, juste pour voir « qui va se connecter ».

Si l'écrit prédomine sur MSN, on peut aussi se parler, et même se voir, grâce aux *webcams*. On touche là du doigt ce que les sociologues appellent la « présence sociale » des nouvelles technologies. Les interlocuteurs sont *presque* l'un en face de l'autre, tant les effets conjugués de l'image et de la voix concourent à rendre l'absent présent, par une tentative de synesthésie assistée par ordinateur.

Enfin, l'interface de MSN donne à croire que l'on s'approprie l'écran, jusqu'à en faire une annexe de sa chambre et même de son identité. Les ados y *chattant* personnalisent cette interface, en choisissant (et changeant quand bon leur semble) les polices de caractères, les couleurs des arrière-plans, les photos, les *smileys*, les jeux et bien sûr les pseudos*, stricts reflets de leur état d'âme du moment.

MAIS QUE FONT-ILS DONC SUR MSN ?

Telle est bien la question fataliste et excédée de nombre de parents. En fait, ils doivent comprendre que MSN constitue tout à la fois un loisir, un moyen de communication et un outil pour leurs enfants. C'est un *passe-temps*, à tous les sens du terme. Beaucoup d'adultes utilisent le Net comme un « réservoir d'informations » et un vecteur technique essentiellement professionnel. La fonctionnalité prime donc. Il en va tout autrement pour les ados : qu'ils veuillent communiquer, se confier, échanger des fichiers, jouer en réseau, travailler à plusieurs, se distraire ou *délirer* (comme ils adorent le dire), ils ont toujours une bonne raison d'aller sur MSN. Cette messagerie leur offre une polyvalence technique et une plasticité relationnelle incroyable, garante de son succès. Permettant de mixer espace public et intimité, c'est une agora qui autorise tous les apartés. Sur MSN, les jeunes *switchent* d'une activité à l'autre et les mêlent sans complexe. L'impression communautaire est immense, car ce sont des classes entières qui s'y retrouvent parfois le soir. Une solidarité organique, affranchie de toute notion de hiérarchie, lie les élèves, débarrassés des contraintes scolaires, allégés de la pesanteur des corps et du poids des apparences.

Les messageries instantanées constituent un immense champ d'expression et d'expérimentation des effets de sa parole sur autrui, à un âge où l'on construit son identité. Or, ces écrans providentiels – qui réfléchissent plus qu'on ne le pense – mettent les corps en suspens et voilent les réactions épidermiques. Faisant *écran*, donc, ils permettent toutes les audaces. « L'écrit-écran » dédramatise les propos, il lève les inhibitions et libère des convenances sociales et des peurs propres à cette période de la vie. Sur MSN, nombre d'ados apprivoisent l'idée de la rencontre amoureuse, posant les prémices relationnelles aux préliminaires sexuels. Ils jouent avec des représentations floues, voire fictives d'eux-mêmes. D'autant que la communication sur MSN est ludique, et que l'on y parle de sexe avec une tonalité essentiellement parodique. Or, au second degré, tout peut être dit et pris légèrement. MSN, ou le jus de la relation sans ses pépins. Répétons qu'il s'agit d'un hygiaphone relationnel qui gomme ce qui gêne, pour montrer le meilleur de soi, ou juste ce que l'on veut bien dévoiler.

Et puisqu'ils passent autant de temps sur MSN, ce « bistrot du Net », que s'y disent-ils précisément, ces chers ados ? Une très importante proportion de leurs propos est *phatique* : ils parlent pour parler, pour maintenir et renforcer le lien, se racontant leur journée tout en la commentant. Ils échangent de menus conseils ou renseignements (l'emploi du temps du lendemain), parlant de la vie comme elle va et comme elle vient. La vie, c'est-à-dire l'amour, l'école, les profs et les parents. En ce sens, MSN est la continuation du téléphone avec les moyens de l'écrit. Avec l'impression de discuter, finalement, plus que de s'écrire. « Il me dit ceci, elle me répond cela… »

Souvent, pourtant, les discussions sont un peu plus élaborées que le simple commentaire du quotidien. Ainsi, Cédric, 18 ans, explique que « les thèmes d'échange, ce sont souvent des phrases vides au départ. Mais, au fur et à mesure, il se peut que l'on parle des questions morales, éthiques, religieuses, et ainsi un débat à plusieurs personnes s'organise sur le sujet».

Avec leurs proches, les jeunes échangent aussi des fichiers, jouent en réseau, font circuler en boucle des blagues ou des images retouchées, qu'ils commentent en s'esclaffant numériquement (*smileys*, animations...). Et puis, surtout, ils se disent qu'ils s'aiment, qu'ils «s'adorent» et ils s'envoient (pour les plus jeunes en tout cas) «des tonnes de bisous» en écho.

Une autre question que se posent les parents concerne l'origine de la fascination de leurs enfants pour les messageries instantanées. «Un film, un livre, *a priori*, c'est intéressant, mais MSN...», me confient-ils, dépités. Et il est vrai que, de prime abord, le principe des messageries instantanées pourrait être considéré d'une grande pauvreté et donc d'un attrait limité. Car les jeunes internautes sont par ailleurs habitués au luxe d'univers multimédias aux qualités graphiques et sonores exceptionnelles. Sur MSN, bien sûr, on peut personnaliser ses messages et l'environnement. Mais cela reste assez pauvre et parcellaire. Et le *jeu* ne se résume-t-il pas à des échanges courts et symétriques, finalement télégraphiques, relevant plus de l'interjection numérique que de la discussion construite... ? MSN, et le *chat,* par extension, sont en fait des jeux. Et leur succès est sans doute à chercher dans cette nature ludique.

Les messageries instantanées constituent d'immenses «loteries relationnelles». On s'y connecte sans toujours savoir qui l'on va y rencontrer. Alors on guette le flux des connections, en attendant *the right one*, la bonne personne. Et combien d'ados attendent ainsi des heures, surveillant (à) la fenêtre pour voir qui arrive et qui va se connecter, de leur propre aveu.

Le caractère ludique des échanges sur MSN tient à leur rythme. Des dialogues de plus en plus rapides se nouent, véritable ping-pong iconico-verbal et numérique qui crée une tension nerveuse et même physique chez ses protagonistes. Manier les degrés, mettre le maximum de sens dans un minimum de mots, détourner les codes pour les réinvestir, réagir vite et bien; « rebondir » à bon escient. Et toujours, garder à l'échange un rythme haletant, garant du plaisir. Le *chat* devient alors une pratique qui absorbe, fascine et sidère, faisant oublier la faim et le sommeil (au grand dam des parents). Et n'est-ce pas une ubiquité d'un nouveau genre – numérique –, qui voit les jeunes s'adresser en même temps à des personnes différentes, tout en évoquant des sujets divers ?

Le jeu continue dans le maniement de l'implicite et de l'explicite, dans le détournement des codes orthographiques et typographiques (grâce aux *smileys).* Les codes traditionnels sont piratés pour servir de nouvelles formes d'oralité, produisant un « parlécrit » pétri d'interjections, de majuscules (pour crier ou s'esclaffer). Et l'exigence est de faire court et vite, surtout. Aller à l'essentiel, au prix d'un étonnant exercice, qui exige maîtrise technique et fulgurance rhétorique.

MSN induit aussi un jeu avec la « machine ». Car les ordinateurs sont les vecteurs dynamiques d'un code graphique d'alerte – donc d'attention permanente –, qui, au gré des messages envoyés, lus et reçus, s'allument, clignotent, affichent des enveloppes lumineuses ou des *smileys* complices. Bien *chatter* exige de connaître parfaitement son ordinateur, pour aller vite et ne rien perdre du plaisir et des contacts. Une rage folle saisit d'ailleurs les *chatteurs* confrontés à une panne de réseau ou à un « plantage », car cette irruption du « réel » est aussi insupportable que douloureuse.

Mais, surtout, on joue avec les identités sur MSN. Et quoi de plus grisant pour des ados en quête identitaire, précisément, que de changer de pseudo autant qu'ils le veulent ? Quoi de plus jubilatoire que de manifester de manière drolatique leurs états d'âme dans ces sobriquets labiles et fluctuants ? Ces « pseudos » sont une forme d'expression de soi qui nécessite célérité, sagacité, ingéniosité.

Les limites de la révolution MSN

Les messageries instantanées symbolisées par MSN constituent indéniablement une petite révolution. La jeunesse de ce média et l'engouement qu'il suscite auprès de millions d'ados posent des questions, avant même de poser des problèmes.

On critique souvent Internet, qui permettrait de fuir la réalité, et serait à ce titre un vecteur de désocialisation. Serge Tisseron rappelle « qu'aujourd'hui, le lieu de reconnaissance est beaucoup moins la famille». Et de poursuivre ainsi : «Je dirais même qu'Internet se présente comme le principal concurrent du cercle familial. Le risque n'est pas la désocialisation via Internet, mais la socialisation ailleurs que dans le groupe de référence traditionnel.»

En revanche, le temps passé sur MSN est maintenant pris à d'autres activités, jugées plus utiles par beaucoup de parents : devoirs, lecture, vie familiale. MSN serait alors trop peu *constructif*. Et il faut reconnaître qu'il s'agit d'une activité essentiellement phatique, amnésique et *chronophage*.

Phatique, parce qu'on se borne souvent à maintenir le «contact pour le contact» via MSN. On parle pour parler, en échangeant des banalités. Mais n'est-ce pas ce que l'on fait quand on papote au téléphone «en parlant de tout et de rien»... ? Nicolas, 20 ans, pose la question de manière pertinente : «Bien sûr, on passe un temps fou sur l'écran. Mais pourquoi les jeunes passaient-ils autant de temps au téléphone il y a dix ans ?»

MSN est aussi une activité amnésique. En effet, les messages n'y sont pas archivés et chacun efface le précédent. C'est un palimpseste technologique, gommé chaque minute, et chaque minute réécrit.

Et surtout, les messageries électroniques sont *chronophages*. Et les profs comme les parents déplorent ces après-midi et ces soirées entières à «parler pour ne rien dire». Des études menées par des enseignants mettent d'ailleurs en évidence que le temps consacré aux devoirs est bien moindre qu'il y a quelques années, à cause de MSN.

D'une génération à l'autre, on pourrait relativiser tout cela, en rappelant combien les « après-midi télé d'antan », à zapper devant des séries étrangères, étaient tout aussi amnésiques et *chronophages*. Or, offraient-elles *in fine* la « re-socialisation » que permettent les messageries instantanées, via cette conscience d'appartenir à la « planète ado », à cette « île aux (grands) enfants » ?

Pour resituer notre sujet dans un cadre plus large, faut-il rappeler combien le « phénomène MSN » correspond en tous points à l'idéologie de la communication évoquée plus haut ? Obsession du lien, convivialité obligée, rapport personnalisé à cette technologie que l'on s'approprie comme un joujou, toute-puissance (changement d'identité, maîtrise de son image, « zapping relationnel »), ubiquité et ludisme... Énumérer les traits constitutifs de cette idéologie fait toucher du doigt que MSN, finalement, est le pur produit d'une époque, un signe des temps; prenant acte, aussi, par son succès même, de crises plus profondes. Précisément celles que traversent conjointement la famille, l'École et la culture.

Pour les jeunes, en tout cas, MSN constitue bien une utopie où tout serait plus drôle, et tout le monde plus gentil que dans la vraie vie. Des jours et des nuits, alors, à *chatter*, jusqu'à en dormir, non debout, mais assis cette fois-ci. L'heure du « marchand de sable » de leurs parents est révolue. Doit-on pour autant acquitter MSN pour circonstances *exténuantes* ?

Parlez-vous *texto* ?

Le « parlécrit SMS », ou l'orthographe et la langue à l'épreuve du numérique

Qui l'eût cru ? Les grands débats sur l'éducation, la transmission culturelle, l'avenir de la langue se trouvent ramenés depuis quelques années à une controverse passionnée autour de l'influence des SMS sur l'orthographe.

Les journaux ouvrent leurs colonnes à des linguistes et à des académiciens de renom, qui débattent de l'influence, bénéfique ou néfaste, de la « novlangue SMS ». N'a-t-elle pas envahi, en quelques années, cours de récréation, salles de classe et amphithéâtres ? Alain Rey, auteur de dictionnaires célèbres, et Alain Bentolila, professeur à la Sorbonne, s'opposent sur le sens de cette nouvelle forme d'expression.

Plus un ouvrage consacré à la jeunesse, plus une émission ou un reportage, sans le passage obligé, alarmiste ou décomplexant, à propos du « parlécrit texto ». Bien sûr, ce sont les parents qui s'inquiètent, et les éducateurs, qui lèvent les yeux au ciel devant quelques copies de collège contenant des

« perles », transfuges des petits écrans lumineux. Quant aux médias, qui aiment décidément les déviances et les records, plus une semaine sans une anecdote à même d'amuser les uns et d'angoisser les autres : ici, une dissertation aurait été rendue au professeur entièrement écrite en langage SMS ; ailleurs, une étude explique que les ados ont les pouces de plus en plus musclés grâce aux SMS. Ailleurs encore, un acharné a battu un record, envoyant 182 689 textos en un mois, soit un toutes les quatorze secondes. Rappelons que la moyenne chez les adolescents se situe à plusieurs dizaines de textos par mois [19].

Le fait est que les ados passent désormais un temps considérable à pianoter fébrilement sur leur portable dans tous les lieux d'attente ou de transit, complètement absorbés par leur mobile et, accessoirement, par celui (ou celle) à qui leurs messages sont destinés.

Les seuls à se frotter les mains, décidément, sont les opérateurs de téléphonie. Et pour cause, le langage SMS, qui entérine un nouveau mode de communication, constitue en fait un succès technique et commercial non calculé, même. Il va sans dire que ces opérateurs n'ont pas oublié de voler au secours de la victoire.

Tout fait farine au moulin du *marketing*. Mais il n'en a pas toujours été ainsi. L'engouement pour ce mode de communication, longtemps considéré comme archaïque, a d'abord pris de court les opé-

19. Un de mes étudiants m'avouait cependant qu'il avait atteint le score honorable de 500 SMS en une semaine.

rateurs ; jusqu'en 1999, la possibilité d'échanger ce type de messages n'était même pas normalisée. Cette époque est révolue, et le succès des textos consacre ces « braconnages des techniques » chers à Michel de Certeau.

Emblématique de la culture numérique des ados, le SMS est plus qu'une tendance. C'est d'ailleurs la raison pour laquelle le débat s'est trouvé accaparé par l'académisme. Le SMS pose des questions (ou des problèmes) de plusieurs ordres : culturel, linguistique, scolaire et familial.

À regarder les choses avec un peu de recul, toutefois, la « greffe SMS » avait tout pour prendre. Et plusieurs raisons évidentes expliquent le succès des textos, moins inattendu qu'il n'y paraît.

D'un point de vue fonctionnel, les « mini-messages » sont d'abord économiques, à plusieurs niveaux, financier, émotionnel et linguistique. Lors d'un appel téléphonique normal, on parle parfois plusieurs minutes de choses et d'autres avant « d'en venir au fait ». Alors que le SMS recentre le message sur ce qu'il a de factuel.

Par ailleurs, certaines choses sont parfois bien plus faciles à écrire qu'à dire, justement. D'une proposition de rendez-vous galant au jeu de mots un peu hardi à un(e) ex, les « mini-messages » permettent des audaces inimaginables. Les SMS instaurent le règne d'une communication technologique connivente, non intrusive, intime et pourtant peu impliquante. C'est un clin d'œil numérique qui rappelle le pied qui remonte sous la table, « l'air de rien ». Car les textos sont en fait assez souvent des *sextos*, si je puis dire.

L'économie est aussi émotionnelle, et on comprend tout ce que les textos avaient pour séduire les ados, souvent maladroits dans l'expression de leurs sentiments. Là, les mots tendres peuvent être écrits, mais de manière juste assez distante pour ne pas coûter trop. Presque tous les étudiants que j'ai interrogés arguent d'abord de la dimension désinhibante des « mini-messages » pour en justifier l'emploi, assez souvent sentimental. Je le disais plus haut, plusieurs jeunes m'ont avoué sans honte avoir mis fin à une relation par SMS ; ce qui s'appelle se retirer sur la pointe des doigts, à défaut de celle des pieds...

Et quand il s'agit d'entreprendre quelqu'un, les SMS constituent la nouvelle arme fatale. Prendre un « râteau numérique », c'est bien moins douloureux pour l'ego que face à face...

Bien sûr, le contenu d'un petit pourcentage de textos amène à les considérer comme des aide-mémoire, de simples « Post-it téléphoniques ». La plupart d'entre eux, cependant, sont échangés entre copains, amis, et surtout amoureux. Damien, 19 ans, observait finement que « chez certaines personnes, les relations amoureuses ne tiennent que grâce aux satellites ». Ils permettent de cristalliser via ce canal une complicité implicite mais puissante.

En ce sens, les SMS instaurent souvent une paradoxale distance intime, ainsi qu'une véritable intimité virtuelle. Ils se fondent sur une philosophie relationnelle du retrait et du respect (beaucoup sont envoyés afin de ne pas déranger son interlocuteur par téléphone). Ces petits *haïkus* numériques vont à l'essentiel, en période d'opulence communicationnelle et technologique, ce qui n'empêche pas d'en échanger des dizaines. La timidité et la pudeur interdisent de dire par mail (asynchrone et impersonnel) ou par téléphone (trop direct) certaines choses, qui passent mieux sous la forme de textos. L'elliptique petite bouteille à la mer sera lue, à charge pour le récepteur d'y répondre à son rythme, s'il le désire. Un mot d'amour, un remerciement, un compliment, une excuse ou un reproche envoyés par mini-message jugulent les réactions impulsives ou la gêne, sans pour autant évincer – loin s'en faut – l'émotion. Surtout, le message est passé, quoi qu'on en fasse ensuite, qu'on en reparle ou pas ; là est l'essentiel.

Mais, par-delà ces raisons relationnelles, les SMS sont extrêmement ludiques, à plusieurs niveaux également. Le caractère *a priori* austère de l'échange, les contraintes dues à la frappe sur un clavier minuscule et au mode d'écriture, peu pratique, sont finalement peu de chose, en regard de l'aspect ludique des contextes d'échanges, souvent impromptus, voire clandestins. Car recevoir un SMS, c'est drôle, déjà techniquement : « ça bipe » ou « ça vibre » deux secondes, on découvre le message en même temps qu'on déchiffre ce clin d'œil par procuration, sur le tout petit écran lumineux. Envoyer un télé-message provoque une égale jubilation : choisir le bon mot ou l'abréviation juste, appuyer sur *Envoi*, attendre fébrilement quelques secondes, enfin, pour savoir si l'interlocuteur a reçu le message « en temps réel » (grâce à un signal spécifique), et s'il répond ou non.

Et une fois le téléphone commuté sur la fonction « vibreur », on peut recevoir des SMS à peu près partout, alors qu'il est difficile de répondre au téléphone dans les mêmes conditions. S'échanger des textos alors qu'on est en cours, en réunion ou dans d'autres contextes formels relève d'une transgression douce, fort excitante. Car ils instaurent une communication clandestine, libérée des contraintes traditionnelles de la politesse et de la civilité. Une intimité très forte peut se créer avec le « partenaire numérique », si loin et pourtant si proche, par la grâce de la technique.

Le parler texto, intox ou info ?

Mais, quand les médias et le grand public « s'emparent des SMS », ces spécificités relationnelles, si importantes pour les jeunes, ne sont jamais abordées. Car tous les débats se trouvent ramenés et réduits au sulfureux « parler texto ».

Régulièrement, les flancs de bus se trouvent recouverts de publicités sous forme d'énigmatiques messages, bribes d'un volapuk phonétique, pseudo-branché, à base d'interjections, censé être le seul code utilisé par les fans de textos : *GTOQP* pour « J'étais occupé », *CTBien 1* ? pour « C'était bien, hein ? », *Koi 2 9* ? pour « Quoi de neuf ? » ou encore le déjà culte *JTM BB* abrégeant « Je t'aime, bébé »… À l'avenant, des lexiques (auto-édités par les opérateurs et offerts aux jeunes) prolongent à l'infini les possibilités de combiner différents types de codes, pour des résultats aussi peu convaincants que compréhensibles. Il semble s'agir avant tout de mettre l'orthographe et l'alphabet dans tous leurs états, et le sens dessus dessous. Bien sûr, l'édition prend le train en marche, en publiant « le premier roman entièrement écrit en langage SMS », et en le vendant sur la foi de cet unique argument. On a les batailles d'Hernani qu'on peut...

Bien sûr, selon Alain Rey, la langue est matière vivante, « qui appartient à ceux qui l'utilisent », et qui évolue autant sous l'effet des usages que des techniques. On comprend cependant, à parcourir quelques pages de textes orthographiés à la mode des nouveaux langages réseaux, le pessimisme de tous ceux qui sont de près ou de loin en charge de l'enseignement du français. Car le parler SMS a migré sur MSN, pour affecter maintenant jusqu'à l'oral des jeunes, qui disent communément « *chui lol* », pour « je suis mort de rire » (LOL signifiant *laught out loud*).

Que le caractère cursif et concis des SMS nécessite techniquement l'emploi d'abréviations est un fait, la langue étant régie par un élémentaire principe d'économie. Cependant, il semble que l'autoproclamé parler SMS relève à certains égards du coup *marketing*, créé et généreusement dispensé dans d'ésotériques glossaires par les opérateurs. Le but est bien sûr de tenter d'agréger les hypothétiques tribus adolescentes.

Parler un langage codé – argot, verlan ou javanais –, cela nécessite toujours un décryptage et, par extension, le partage d'un code et d'un sens ; donc une appartenance. Mais vouloir imposer de manière univoque cette novlangue ne relève-t-il pas autant d'un pragmatisme publicitaire aux ficelles un peu grosses que d'une idéologie *jeuniste* prenant les usagers pour plus puérils qu'ils ne sont ? En effet, quand on rédige un SMS, le principe conducteur n'est que celui du bon sens, qui enjoint simplement de trouver l'équilibre entre l'espace gagné (sur l'écran) et le temps passé (à écrire, puis à décoder, en aval).

Étonnant réflexe, la plupart des jeunes que j'ai interrogés, très faibles en orthographe et conscients de leurs lacunes, tirent à boulets rouges sur le « parler SMS », précisément à cause de ses méfaits sur le français. Pour Carine, 19 ans : « C'est un langage rapide, mais qui fait perdre les capacités acquises en orthographe. On fait plus de fautes de français à force d'écrire en abrégé. » Julien, même âge, est plus radical : « C'est une horreur sans nom qui s'incruste partout. » Quant à Rémi, 19 ans, il est péremptoire et fataliste : « Le langage SMS ? C'est la mort lente de la langue française et de l'orthographe. » Julie, 14 ans, est simplement réaliste : « Au début, quand j'ai eu mon portable, ça m'amusait de recopier les *smileys* les plus bizarres des petits guides, et de les envoyer à mes copines. Mais ça va deux minutes. On perd du temps et ça énerve, l'autre essaye de lire et il ne répond même pas. J'ai arrêté. Maintenant j'abrège et c'est tout. Si on ne comprend pas, c'est pas la peine. »

Ceux qui emploient le parler texto savent toutefois intuitivement qu'à chaque contexte – écrit ou oral – correspond un code. Et les perles SMS dans les devoirs, bien plus rares qu'on ne le dit, procèdent davantage de l'étourderie ou de la provocation, que d'une confusion généralisée. Si l'on cessait de dramatiser ce parler texto, il y a fort à parier qu'il se trouverait reclassé et à vrai dire déclassé, pour se limiter à quelques niches d'usage, telle MSN (et encore, car, là aussi, il convient non pas tant d'être original, que simplement compris).

Considérer que la baisse du niveau d'orthographe est due au parler texto, c'est prendre le problème à l'envers. Comment peut-on penser une seconde que cette crise serait imputable au parler texto ? Le langage SMS prend acte du malaise, et il exacerbe la perception du problème. Mais le mal est (malheureusement) plus profond, trouvant ses origines dans la désaffection pour la lecture, autant que dans la capitulation des institutions de transmission face à l'ampleur des dégâts constatés d'année en année (*quid* des copies pleines de fautes d'orthographe acceptées au bac, parce que « l'essentiel serait ailleurs » ?). La crise de la lecture – qu'on ne s'y trompe pas – ne se résume pas au fait que les jeunes trouvent Victor Hugo ou Jules Verne ennuyeux. Très concrètement, elle apparaît dans le fait qu'ils sont de plus en plus nombreux à ne pas savoir lire à voix basse en comprenant ce qu'ils sont en train de lire, même dans le secondaire.

Depuis quinze ans, je constate que le niveau de la langue est de plus en plus faible. Je n'ai pas eu besoin pour dresser ce constat d'une copie rédigée en SMS (je n'en ai jamais vu). En revanche, dans la même période, le nombre de livres lus en moyenne par an et par étudiant a fortement décru. Et ceci explique plus sûrement cela que la naissance de ce parler texto inventé et promu *ad nauseam* par les marchands de communication. Cependant, il est clair que le temps passé à *chatter* et à surfer n'est plus du temps de lecture.

Les SMS, une alternative technique et relationnelle

En fait, le succès des SMS s'explique par le fait qu'ils proposent une solution de remplacement *relationnelle* réelle aux autres modes de communication de la « nébuleuse TIC ». Pratiques et ludiques, spontanés et distanciés à la fois, intimes et confidentiels surtout, les textos conviennent idéalement aux nouvelles générations d'utilisateurs, faisant un emploi connivent des nouvelles technologies, lesquelles laissent opportunément le corps et ses réactions en retrait.

Mais les SMS œuvrent aussi à l'avènement d'un nouveau romantisme relationnel. Fonctionnant selon une temporalité qui peut être frénétique ou distanciée (à un texto, on réagit dans les vingt secondes ou les trois jours), les SMS assurent le primat du destinataire dans la relation. Pendant quelques secondes, on est tout à cet autre absent et pourtant très présent, par le temps et l'attention qu'on lui consacre. On téléphone en vaquant à mille activités ; écrire un texto nécessite au contraire de se concentrer un minimum, réhabilitant une forme d'osmose communicationnelle.

À l'ère du tout-virtuel, les SMS vont aussi dans le sens d'une incorporation (via le vibreur) et d'une matérialisation de la relation : les fans de textos gardent leurs messages préférés longtemps en mémoire, petits mots intimes lus et relus pour pallier l'absence et raviver l'émotion.

Nouveau romantisme ? Alors que le sexe inonde le Net, l'amour « avec un grand A » submerge les petits écrans des textos. Un nombre de plus en plus important de ruptures, je le disais plus haut, mais aussi de réconciliations, d'invitations intimes, de promesses transies et de déclarations enflammées empruntent la voie des SMS. Tour à tour loquace et muet, le cœur (entre autres adolescent) a ses réseaux que la raison ignorera encore longtemps.

Google, le super-« *Quid* numérique »

S'il est un thème qui dépasse les frontières de la planète ado, c'est bien Google, le super-moteur de recherche. Google et son impatience gloutonne devant les collections des sages bibliothèques à numériser d'urgence, Google et son esprit de conquête, que d'aucuns taxent de volonté d'hégémonisme, Google, qui étend son empire sur les pays et les continents, et sur tout ce qui, faisant culture, peut faire commerce. Car, après l'écrit, voici que le moteur californien indexe maintenant massivement des images. L'éclectisme ne semble d'ailleurs pas présider cette campagne, puisque les reproductions des tableaux de maîtres et les photos célèbres côtoient les séries américaines au rabais. Mais Google, surtout, étend son emprise dans les têtes et dans nos vies, au point d'avoir fait de son utilisation un réflexe et un jeu.

Mais ne boudons pas notre plaisir : un numéro de téléphone à retrouver, le parcours professionnel d'une personne qu'on vient de rencontrer (et qu'on *googlise*, selon l'expression déjà consacrée), une recette de cuisine très exotique, la date d'une bataille pour un jeu télé, le sens d'une expression peu usitée (qu'est-ce qu'un *morosophe* ?) ou la biographie critique d'un philosophe méconnu… On saisit quelques mots-clefs et, aussitôt, la solution nous apparaît sur l'écran, en un tournemain, comme par magie. Vous cherchez les paroles d'une vieille chanson de Chet Baker ? Tapez *Google Lyrics*, et les mots s'affichent instantanément ! À l'avenant, vous voulez des images… ? Pas de souci. Des différentes phases de la métamorphose du têtard à la dernière séance de photos de Marilyn, tout est disponible en un temps record.

La caractéristique principale des moteurs de recherche (Google, Yahoo, AltaVista...) est d'avoir rendu disponibles des millions d'informations, mais surtout d'avoir fait de cette recherche une activité quotidienne et ludique pour tous leurs utilisateurs. Alors, le fantasme encyclopédique à portée de clic ? Érasme, Diderot et leur rêve de savoir intégral rassemblé dans le grand creuset numérique des moteurs de recherche… ?

Ceux-ci constitueraient avant tout un super-« *Quid* numérique », qui a réponse (mécanique) à tout ou presque. « Super-*Quid* numérique », justement ! Cette pénétrante expression est due à l'historien Jean-Noël Jeanneney, auteur d'un petit essai appelant à la résistance de l'Europe devant le danger représenté selon lui par le géant américain. Car Google a pour ambition (ou stratégie ?) de numériser des millions d'ouvrages dans les années à venir, à commencer par une partie des fonds de cinq très grandes bibliothèques américaines. On voit sans peine pointer le spectre de l'impérialisme, de la domination d'une langue et d'un modèle culturel déjà sur-représentés dans les industries culturelles.

Et le directeur de la Bibliothèque nationale de France de proposer une contre-offensive pour barrer les visées de Google, désintéressées en apparence, mais floues en vérité. Cette riposte devrait prendre la forme d'une Très Grande Bibliothèque numérique, mais européenne. En filigrane de ces débats, on perçoit sans peine des questions aussi cruciales que la définition de la culture et les conditions de l'accès à celle-ci, l'avenir du livre, les choix non neutres d'une langue de prédilection, et donc – soyons lucides – d'une certaine vision du monde.

On saisit sans mal que l'ère des « tuyaux de la connaissance » ouverte par les moteurs de recherche comme Google entérine une nouvelle géopolitique du savoir, avec des enjeux culturels et surtout économiques colossaux.

Mais nous entrons ici dans des considérations qui laisseraient sans doute assez perplexes les ados dont il est question dans ces pages. Car ils font une utilisation incessante et très pragmatique de Google, à mille lieues de ces réflexions. Pour nos lycéens et nos étudiants, Google, c'est la « grande loterie du savoir », et surtout un imparable principe d'économie : plus besoin de se déplacer et d'aller à la bibliothèque ou à la médiathèque, plus besoin d'acheter les livres, et d'ailleurs, plus besoin de les lire. On « copie-colle » des résumés, des petits fragments glanés sur le Net, et le tour est joué. L'arme fatale (pseudo-)culturelle, en quelque sorte. Mais une arme, surtout, qui pourrait bien porter un coup presque mortel à une certaine idée de la connaissance, ainsi qu'au livre.

GRANDEUR ET MISÈRE DES « EXPOSÉS GOOGLE »…

Dans les écoles et à l'université, voici venir la première génération des « exposés Google », tour à tour drolatiques et affligeants. Ils consistent à répéter de façon incertaine, devant la classe, des bribes d'informations hâtivement pêchées sur le Web, et tout aussi rapidement mises en forme. Or, information n'est pas savoir. Et tout ce qui se trame et se dit sur la Toile est loin d'être sûr et vérifié. Les « exposés Google » se généralisent, contrôle continu oblige, tressés de perles autant que de cailloux. L'enseignant que je suis peut donner autant de sujets qu'il peut à des petits groupes de trois étudiants, ils auront sans coup férir « la matière » (comme ils disent) dans les deux heures s'il le faut, parfois même dans les dix minutes. Comme dans un célèbre magasin parisien, on trouve (de) tout sur Google. Mais il ne faut pas être trop regardant sur le stock.

Jean-Noël Jeanneney rappelle à bon escient qu'« une profusion non déterminée, non organisée, non classée, non inventoriée n'a guère d'intérêt[20] ». Nos étudiants n'en ont cure. Ce sont là pour eux des débats d'arrière-garde. « De la matière en veux-tu !? De la matière en voilà ! »

Sur le Net, si l'on n'est pas particulièrement perspicace et vigilant, commence la ronde des incohérences, des approximations, voire des contresens les plus éhontés. Ainsi, on m'apprend

20. Jean-Noël Jeanneney, *Quand Google défie l'Europe. Plaidoyer pour un sursaut*, Mille et une nuits, Paris, 2005, p. 11.

que le cinéma a été inventé en 1920, le téléphone, en 1838, et la télévision, en 1950, que le DSM 4 est un livre de psychologie célèbre, que la notion d'addiction « a été découverte » en 1998, et que Léonard de Vinci était militant homosexuel. Les lecteurs corrigeront d'eux-mêmes. Mais Google pourrait après tout s'en laver les mains, en disant, ce qui est vrai, qu'il ne fait que mettre ses utilisateurs en relation avec des sites. Et qu'il incombe à ces internautes de procéder au tri de ce que les réseaux charrient.

Tout adulte faisant preuve d'un minimum de discernement sait justement que la « pêche en ligne » a ses limites. Mais une génération arrive qui a rarement ce scrupule méthodologique. Parce qu'elle lit moins, et qu'une heure gagnée là pourra être utilisée ailleurs. Rappelons que le changement de rythme de nos vies constitue sans doute la révolution ultime. D'un côté, le reflux des pratiques sociales et culturelles à temporalité lente (dont la lecture), de l'autre, la montée en puissance de la culture zappée et de tout ce qui se donne à consommer instantanément. Comme les infos télévisées « en 6 minutes » ou la « doc sur Google »...

Tout n'est pas faux ni mauvais sur Google, bien sûr, et il ne saurait être question de faire ici un mauvais procès à un outil superbe, quand il est utilisé avec circonspection. Les moteurs de recherche sont porteurs d'une authentique révolution, au moins égale à celle de Gutenberg. Il faut reprendre conscience de cette chance, qui consiste à convoquer au doigt et à l'œil des trésors de savoir potentiel.

Mais beaucoup d'informations y figurent aussi, qui émanent de sites partiaux ou partisans, ou qui ne sont que la « mise en ligne » d'informations erronées où obsolètes. Prendre tout ce que la Toile draine pour argent comptant, c'est courir le risque de se ridiculiser, et c'est apprendre et utiliser des choses qui, parfois, sont manifestement fausses. Car, si les « infos Google » émanent souvent de sites sérieux et reconnus (universités, bibliothèques, laboratoires...), il peut aussi s'agir de la mise en ligne partiale de données personnelles, donc subjectives. Quand ce ne sont pas des informations délibérément prosélytes.

Il faut évoquer ici les déboires récents rencontrés par *Wikipedia*, l'encyclopédie en ligne écrite en continu par les internautes eux-mêmes[21]. Le principe est formidable : cela éveille le mythe de la république des lettrés. Ou encore de la démocratie directe rassemblant des citoyens du monde éclairés, et amoureux de la culture pour la culture, comme la poésie parnassienne aimait l'art pour l'art. Mais *Wikipedia* véhicule en fait (des affaires récentes le démontrent) des imprécisions, des erreurs, voire des calomnies. Tout cela accessible « H 24 » en ligne, sans aucune indication de sources, et pour cause : selon Jimmy Wales, le fondateur, « tout le monde peut ajouter ce qu'il veut, c'est la nature même du projet ». Et nos étudiants de procéder à des « copier-coller » massifs depuis *Wikipedia*.

---

21. Le quotidien français *Libération* y consacrait une page dans son numéro du jeudi 8 décembre 2005, p. 22, « *Wikipedia*, encyclopédie à lire avec des pincettes ».

Comme Alexandre, 19 ans : « Je vérifie l'info des sites perso, mais, pour le reste, je fais confiance à *Wikipedia* »... Exactement comme ils photocopiaient l'*Encyclopaedia Universalis* ou les introductions des *Que sais-je ?* il y a encore dix ans. Autre époque, autres méthodes, autres références...

Par ailleurs, les entorses à la loi sur la propriété intellectuelle auxquelles donne lieu la recherche en ligne sont de plus en plus fréquentes[22]. Ce qui circule sur le Net est-il considéré comme du domaine public ? Certes non. Mais certains s'embarrassent de moins en moins de scrupules en « copiant-pillant » allégrement des infos numériques « sans domicile fixe », et dont ils s'attribuent ensuite la paternité. Les cas sont de plus en plus fréquents à l'université de mémoires ajournés (et même de thèses), quand les membres du jury découvrent avant la soutenance que l'essentiel du travail résulte de piratages en ligne de travaux antérieurs sur le même sujet. La nouvelle règle ? Pas vu, pas pris... Car les moteurs de recherche ouvrent bien l'ère de l'industrialisation de l'appropriation de la pensée d'autrui. En comparaison, le « photocopillage » des années 1990 relève de l'amateurisme.

Parfois, les conséquences sont cependant plus dramatiques qu'un ajournement de thèse. Ainsi, le

22. *Le Nouvel Observateur* du 12 au 18 janvier 2006 consacrait un article explicitement intitulé « Étudiants : alerte à la triche ! » (p. 84-85). Il y est fait état du « copier-coller » comme « sport national » dans nombre d'universités et de grandes écoles, mais également du logiciel Compilatio.net, mis au point pour aider les enseignants à lutter contre le plagiat.

sort tragique d'Hélène Roche, cette jeune infirmière du John Hopkins Hospital décédée en participant à un essai thérapeutique dont la recherche documentaire préalable avait été uniquement effectuée sur Internet, alors qu'elle concernait un produit dont les effets létaux étaient attestés dans la littérature non informatisée.

Ou les Renseignements généraux qui s'émurent récemment de la disponibilité de tout ce qui a trait au terrorisme sur Google, notamment des méthodes de confection de bombes pas du tout artisanales…

Le « savoir Google », omniscient mais amnésique

Sur le Web, l'organisation apparemment anarchique de l'information, ainsi que son abondance incommensurable, débouche sur un paradoxe : celui de rendre plus difficile la production d'une connaissance pertinente. Précisément le problème rencontré par nos étudiants.

Toute bribe d'information peut en effet être potentiellement reliée avec chacun des autres éléments de la Toile, car aucune organisation hiérarchique ne prévaut. Les catégories logiques, par ailleurs, ne déterminent pas la trajectoire de recherche suivie par l'usager pour accéder à une information spécifique. Tapotez, pianotez, il en sortira toujours quelque chose… Cette non-organisation hiérarchique sur le Web entraîne un nivellement de l'information et des valeurs qui y sont attachées. Toute parcelle d'information est en effet considérée comme égale à une autre, indépendamment de son contenu sémantique.

Le modèle humaniste de construction de la connaissance était fondé sur une organisation sémantique des corpus et des significations mises en jeu par les textes. Le nouveau modèle lié à l'émergence du Web est pour sa part strictement syntaxique. Les significations ne jouent aucun rôle dans cette organisation de l'information.

Ce qui incombe donc à la personne travaillant à partir de sources Google, c'est d'identifier la légitimité du site donnant les informations, de diversifier et de recouper les sources, afin de s'assurer de leur validité et de leur véracité. C'est enfin de savoir remettre ces informations obtenues dans une perspective originale : ce que l'on appelle, à l'université, la problématisation. Cela nécessite du discernement, du recul critique, ainsi que l'échange avec autrui (enseignants, collègues, bibliothécaires...). Mais, surtout, ces recherches requièrent du temps, de la curiosité et de la probité intellectuelles. Car il faut apprendre à gérer soi-même les informations et les connaissances. Donc développer la capacité de les hiérarchiser et de les structurer de manière personnelle. Or, il n'est pas certain que le rythme de notre époque permette seulement de cultiver cela. Car il importe d'aller toujours plus vite, et surtout à l'essentiel.

Certains jeunes ramènent maintenant l'existence sociale des individus et des institutions à leur visibilité sur Google. Est-ce le système du livre et des bibliothèques qui est en train de passer par pertes et profits ? Voire. Mais, avant les moteurs de recherche, c'est le système médiatique dans son ensemble qui est ici justiciable de ce changement de mentalité. Être vu, coûte que coûte, pour être connu, reconnu…

Au prix d'un sophisme confondant, quelques-uns arrivent à penser que « ce qui n'est pas sur Google n'existe pas ». À l'inverse, plus une personne est référencée, plus grande sera sa célébrité. Les logiques marchandes induites par Google donnent alors une actualité nouvelle à la loi de puissance régissant les médias dans le système libéral : un nombre limité d'œuvres (et d'artistes) est vu par un très large public, alors que la majorité de la production reste confinée à un quasi-anonymat. Par ailleurs, le système mis en place par Google pour « balayer » le Net (*PageRank*) est tout sauf impartial. Il peut d'ailleurs être détourné, puisque l'indexation payante et l'achat de mots-clefs émergent, garants de « bon positionnement » lors de l'affichage des résultats.

Il faut évoquer aussi le rétrécissement généralisé du format des informations trouvées via les moteurs de recherche. N'oublions pas « qu'en faisant appel à Internet, on n'interroge pas l'ensemble des connaissances, mais seulement celles que différents contributeurs – universités, institutions, médias, particuliers – auront choisi de proposer en libre accès (au moins pour un temps)[23] ». Effectivement, de plus en plus

23. Pierre Lazuly, « Le monde selon Google », *Le Monde diplomatique*, octobre 2003, pp. 28-29.

souvent, en surfant, on ne pêche qu'une juxtaposition de résumés, de commentaires, dirigeant tous vers des liens commerciaux qui vendent, eux, l'intégralité du texte recherché, article ou livre. Pierre Lazuly nous explique que, en cherchant un ouvrage sur le Web, on n'obtient, en règle générale, « qu'une invitation à acquérir ce livre, ou, dans le meilleur des cas, une recension faite par un internaute. Une situation que l'on pourrait comparer à celle d'une bibliothèque qui, devant renoncer au prêt gratuit de ses ouvrages, ne pourrait plus proposer que les fiches de lecture rédigées par ses adhérents ». Encore faut-il avoir conscience de tout cela, encore faut-il savoir diversifier ses sources d'information, et prendre le temps de recouper, de lire, de comparer… Ce temps, certains le prennent, et d'autres pas.

Le rapport à la culture mis en place par les moteurs de recherche est donc absolument paradoxal, puisqu'il mêle omniscience et amnésie. L'*omniscience*, ou la capacité vertigineuse de « tout savoir » ; et l'amnésie, finalement, car jamais un individu ne pourra consulter les milliards d'informations potentielles disponibles sur Google et ses concurrents. Mais, surtout, pour la plupart d'entre nous, nous passons notre temps à survoler – à surfer, précisément –, pour ne rien retenir ou presque de ce que nous avons *lu* ou juste *vu* sur le Net.

GOOGLE ON MY MIND…

L'analyse du rapport de Google avec les jeunes ne s'arrête pas au tableau des vices et vertus comparés d'un moteur de recherche qui leur permettrait de faire des exposés à la sauvette, *en s'économisant*.

Car, avec Google, une multinationale jeune parle aux jeunes, à toutes fins utiles. Et ce n'est rien de dire que le public étudiant constitue la cible privilégiée des stratégies commerciales de Google. Avec comme finalité avérée de proposer un service personnalisé pour chaque moment de la vie. En pack numérique, donc, the *Google way of life*...

Des recherches universitaires un peu ciblées ? *Google Scholar*. Des désirs de rencontres ? *Google Talk* ou *Google mail*. Des envies de sorties ? *Google SMS* (pour les programmes). Une balade à organiser ? *Google Maps* pour s'orienter. Tous ces services, et d'autres à l'avenant, sont réunis à destination des publics estudiantins, qui peuvent aussi disposer d'une adresse électronique domiciliée chez le géant américain. *Gmail* offre (gratuitement, serait-on tenté d'ajouter) un espace de stockage énorme (2, 6 Go) et une capacité de transfert allant jusqu'à 30 Mo.

Tout cela va dans le sens d'une fidélisation forcenée des jeunes publics. Accessoirement, on crée des besoins, et surtout – arme fatale du *marketing* numérique – un esprit communautaire garant de l'adhésion à la « philosophie Google ». Les moteurs de recherche, formidables « technologies intellectuelles », produisent alors paradoxalement du conformisme, en normalisant les esprits, en aplanissant la production culturelle, en faisant des mécanismes subtils de la réflexion des réflexes régis par le « prêt-à-penser ». Sauf à posséder, antérieurement à la recherche documentaire en ligne, une méthode de travail intellectuel garante de l'efficience de la consultation.

Entre les écrans de Google et les jeunes, le besoin est donc crucial non de garde-fous ou de filtres, mais d'éducateurs garants de ce que l'on appelle la dialectique, ou « art de bien penser ». Mettre ce qui s'affiche à distance et en question, le recouper et surtout le mettre en perspective, tels sont les pré-requis sans lesquels cette « matière documentaire » reste lettre morte, n'accédant en aucun cas au statut de culture. Car la culture relève de la transmission, là où la documentation n'est qu'information.

La culture, dans son sens le plus noble, possède une dimension citoyenne. Le fin lettré est dans l'idéal un honnête homme, qui porte un regard éclairé sur la Cité. Ce n'est pas pour rien que les humanistes et les Lumières accordaient tant d'importance à l'éducation. Celle-ci recouvre en fait une dimension authentiquement politique.

Les incantations de Google en faveur de la démocratie sont trop insistantes pour ne pas paraître suspectes. Qui veut-on donc convaincre, et de quoi ? En tout cas, c'est aux parents et aux enseignants qu'incombe une mission d'initiation à la dialectique, afin d'apprendre aux jeunes à utiliser à bon escient ces immenses réservoirs du savoir. Y tracer des canaux afin qu'ils ne deviennent pas des marécages, où l'on s'enlise et perd pied, en quelque sorte…

Le téléchargement, bon usage de la « désobéissance culturelle »… ?

P2P, MP3… Six lettres et chiffres réunis en deux petits sigles qui sont en train de faire vaciller l'industrie musicale, notamment américaine. Les *majors*, ces maisons de disques hyper-puissantes, étaient un géant aux pieds d'argile, mais elles ne le savaient pas. Elles vacillent maintenant sous les coups conjugués d'un nouveau format technologique qui dématérialise la musique (le MP3), autant que d'un mode d'échange (le P2P) qui permet de s'affranchir de la visite chez le disquaire, pour acquérir le nouveau *single* à la mode.

Car, on l'aura compris, il est ici question du téléchargement illégal de la musique sur Internet. Celui-ci concerne beaucoup de mélomanes, mais très majoritairement les jeunes, encore. Les ados, gros consommateurs de musique (ou plutôt de nouveautés musicales), se sont pris de passion pour le téléchargement. Pouvait-il en être autrement ? Une bibliothèque musicale infinie à disposition en deux clic et trois mouvements, un transfert de données quasi instantané, et surtout gratuit. On est bien là dans le cas évoqué plus haut de cette toute-puissance offerte par les TIC. Quel que soit le titre désiré, en quelques secondes, il passe sans coup férir de la grande matrice du Net au petit disque dur de l'ordinateur personnel. L'enfance de l'art. La simplicité de la manœuvre décomplexe et lève les scrupules de ceux qui en avaient. Et puisque, en général, on prend et on donne, on télécharge en toute bonne conscience, avec l'impression de participer au pot commun. Les « pirates du Net » réfutent ce qualificatif, quitte à oublier un peu vite qu'ils évincent de leur festin musical les artistes, qui devraient pourtant en être les invités d'honneur.

Les ados, Robins des bois du Net ?

La question du téléchargement de musique sur le Net passionne l'opinion publique française (en tout cas sa frange qui navigue numériquement). Maints journaux, et des pages entières de courrier de lecteurs, apportent leur point de vue, toujours argumenté et forcément partial. Fin 2004, *Télérama* (n° 2858) jetait un pavé dans la mare en prenant fait et cause pour Anne-Sophie, jeune pirate « malgré elle », lourdement condamnée pour avoir téléchargé illégalement 1 700 chansons. La demoiselle érigée en martyre eut même droit à la couverture du magazine. Elle y fermait symboliquement les yeux, toute à son extase musicale (la tête recouverte d'un casque d'écoute volumineux). Yeux clos et oreilles grandes ouvertes, là est bien l'attitude de ces millions de jeunes, qui feignent de ne rien savoir. Et pourtant, nul n'est censé ignorer la loi, comme le rappellent les premières condamnations, assorties d'amendes records infligées pour l'exemple.

Le fait est que le téléchargement propose un authentique casse-tête, à la fois technologique, économique et juridique. Et les choses, que l'on voudrait parfois rendre manichéennes pour en simplifier l'analyse, sont tout sauf simples.

Comme (presque) tous les contes de fées numériques, l'affaire commence à la fin du siècle dernier, aux États-Unis, dans une chambre d'étudiant. En 1999, le jeune Shawn Fanning (qui fut promptement rebaptisé Shawn – Napster – Fanning) « bidouille » si bien qu'il met au point un système lui permettant d'échanger des fichiers (entre autres musicaux) avec ses amis. Le principe est élémentaire, mais il fallait l'inventer. La musique passe d'ordinateur à ordinateur et de particulier à particulier, donc de pair à pair (*Peer to Peer*, abrégé en P2P). Dès leur conception, ces logiciels d'échange de musique en ligne vont connaître un essor extraordinaire. Ainsi, en 1999, la première semaine de sa diffusion, 15 000 personnes ont déjà téléchargé le logiciel de Fanning. Ils sont 23 millions à l'utiliser moins d'un an plus tard, en juillet 2000.

Sans entrer dans des considérations trop techniques, il existe en fait deux architectures de réseau, centralisées ou décentralisées, qui permettent de télécharger sur le Net. Par des voies différentes, elles mènent au même résultat : un simple particulier, avec un ordinateur et une connexion haut débit, peut faire trembler l'industrie du disque, en téléchargeant non seulement des œuvres déjà anciennes, mais aussi toutes les nouveautés, quc de généreux internautes mettent systématiquement à la disposition de la communauté[24]. À « industries culturelles », industrialisation des voies d'accès à la culture, pourrait-on dire, même si celles-ci ne sont pas toutes égales ni légales. Et si certains internautes téléchargent ponctuellement, pour retrouver telle chanson correspondant à tel bon souvenir (ainsi le *I Will Survive* de Gloria Gaynor, « hymne » de la victoire des Bleus en 1998), d'autres ont généralisé la manœuvre en rapatriant sur leur PC des milliers de titres sans bourse délier. Et puisque l'opinion éprouve une tendresse spontanée pour les petits et les faibles (le fussent-ils métaphoriquement), les pirates s'en tirent en invoquant la revanche de David contre Goliath, ou en se prenant pour Robin des bois volant aux riches pour donner aux pauvres. Beaucoup affirment simplement, pour se justifier, que le prix du disque a beaucoup augmenté. Comme celui de la baguette, d'ailleurs. Et ce n'est pas pour cela qu'on va voler son pain chaque matin.

Quelles que soient les limites de ces métaphores, on saisit le manque à gagner réel pour les artistes et les *majors*. Leur tollé est légitime,

24. Quatre heures à peine après sa sortie, toute œuvre représentant un intérêt pour un internaute au moins est déjà disponible sur le Net. 100 % ou presque des nouveautés culturelles commerciales sont téléchargeables. Enfin, nombre d'œuvres (notamment cinématographiques) sont même « disponibles » sur le Réseau avant leur sortie officielle. Et on se souvient de l'émoi qui saisit les membres du groupe U2, quand ils s'aperçurent qu'ils s'étaient fait subtiliser les maquettes d'un album à paraître. Le risque était grand de voir le disque être mis en ligne et téléchargé par des dizaines de milliers de *fans*. Nombre se seraient alors passés de l'acquérir ensuite.

légalement : leurs « produits », d'ordinaire payants, deviennent soudain gratuits sur le Réseau, téléchargeables et échangeables à volonté.

Ces *majors* ne s'y sont pas trompées, qui ont fait du téléchargement leur principal ennemi. Mais là est leur drame : le « voleur » est partout et nulle part, *virtuellement* tapi derrière chaque écran d'ordinateur de la planète possédant une connexion au Réseau. Et beaucoup de personnes téléchargent, au moins autant par jeu et facilité que pour des raisons financières. Selon l'industrie du disque, le piratage (selon l'expression désormais consacrée) serait responsable de la chute vertigineuse du marché du disque. À l'appui, une étude de la RIAA (*Recording Industry Association of America*) nous apprend que les ventes de CD aux États-Unis ont baissé de 14 % de 1999 à 2002. Huit milliards de titres musicaux s'échangeraient sur le Net par an en moyenne. Le téléchargement représenterait au moins 50 % du trafic sur Internet la journée, et 80 % la nuit (en fonction des pays et des décalages horaires, bien sûr).

Or, en dépit des premiers procès retentissants, assignant à comparaître des téléchargeurs dépassés par leur faute, malgré les amendes astronomiques infligées à des jeunes ne comprenant plus ce qui leur arrive et bien que le téléchargement légal progresse, il semble que le combat soit perdu d'avance pour l'industrie du disque. Le très haut débit, qui arrive, va encore accroître les possibilités de télécharger. Et ce qui est déjà une habitude pour une génération deviendra un réflexe pour la suivante. Les ados téléchargent en effet de manière instinctive, même (et surtout) en *chattant* sur MSN, par exemple. Avec cette intuition diffuse et gratifiante d'être non plus seulement consommateurs (de culture), mais aussi acteurs, et membres d'une communauté fonctionnant comme une démocratie directe et solidaire. Et puisqu'ils *squeezent* le pouvoir (économique) et l'autorité (politique), ils éprouvent même le frisson de la transgression, à vil prix ! La malchance de se faire prendre est en effet bien minime.

Plus encore qu'un réflexe, le téléchargement est surtout en train de devenir sinon une culture, du moins une de ces nouvelles manières d'être collectives, telle que le Réseau en invente depuis son émergence. Ainsi, les jeunes téléchargeurs ont leurs forums, et ils se réunissent en *teams*. Certains achètent même des œuvres originales qu'ils s'enorgueillissent ensuite d'avoir été les premiers à mettre sur la Toile à la disposition des autres. Cela contribue à agréger une communauté, à tisser entre eux des liens numériques et moraux (bien que, moral, le téléchargement illégal ne le soit pas vraiment).

Vraiment tous coupables, les « pirates du Net »… ?

Je le disais plus haut, le téléchargement est par nature complexe, sauf techniquement. Les téléchargeurs sont-ils vraiment tous coupables, ou ont-ils finalement bon dos, quand il s'agit d'expliquer la baisse d'intérêt pour le CD ?

Plusieurs bémols contribuent à nuancer notre jugement, s'ils ne disculpent pas complètement les

« pirates du Net ». D'abord, ceux-ci ne doivent pas tous être rangés dans la même catégorie. Certains pillent en effet allégrement le stock musical à disposition sur le Réseau, sans contrepartie. D'autres, et ils sont nombreux, font un emploi beaucoup plus circonspect et éclectique du « Net musical », comme ceux qui testent un artiste en ligne et écoutent un bout d'album, pour acquérir ensuite son CD en magasin, ou ceux qui découvrent tout simplement sur la Toile, au gré de leurs pérégrinations numériques, des artistes « qu'ils n'auraient jamais rencontrés ailleurs ». Sans oublier que beaucoup de personnes avouent télécharger des morceaux qu'elles n'auraient pas achetés par ailleurs, quand le *single* n'est de toute façon plus en vente. Il s'agit là de consommation culturelle ponctuelle. Et, si dans ce cas précis, l'artiste ne touche pas de *royalties*, ses dividendes se situent au niveau du prestige et de la notoriété. Voire des suites attendues, comme l'achat de places de concert. Nombre de musiciens de la « nouvelle classe moyenne artistique » sont en fait flattés d'être ainsi découverts, persuadés de ne pas avoir les honneurs des casques d'écoute publics des supermarchés de la culture.

Il convient donc d'être mesuré. À la décharge des adeptes du téléchargement, une étude réalisée en 2002 par Felix Oberholzer et Koleman Strumpf, deux universitaires nord-américains, tendait à démontrer que ses effets sur les ventes étaient proches de zéro.

Plus récemment, en avril 2004, une autre enquête, commandée par la FNAC, allait dans le même sens : elle concluait que 2 à 3 % seulement de la baisse des ventes de CD (estimée à 15 %) étaient imputables au P2P. De quoi relativiser les accusations. Ce même sondage révélait accessoirement que les internautes écoutent plus de musique, s'ouvrant à des styles et découvrant sur le Net des choses qu'ils n'auraient pas écoutées auparavant.

D'autant que le téléchargement permet aussi à des artistes peu connus d'accéder à la visibilité. Certains commencent même leur carrière numériquement, et les plus chanceux d'entre eux trouvent un producteur qui les a parfois repérés sur la Toile. C'est notamment le cas de la chanteuse Lorie : l'une de ses chansons, mise en ligne et téléchargée 15 000 fois en une semaine, décida un producteur à lui proposer un contrat.

Alors, pour lever ses scrupules et laver sa culpabilité, reste le téléchargement payant, dit aussi légal. Il est en progression, bien qu'il ne constitue encore que la portion congrue des échanges de musique sur les réseaux. Mais ne présente-t-il pas encore plus d'inconvénients que d'avantages, à y regarder de près ? Quel que soit le site d'achat choisi, le prix du morceau reste presque toujours le même : 0,99 euro. Pour des morceaux ponctuels et introuvables ailleurs, c'est un progrès. Mais cela place par contre un album au prix de 10 euros. Or, l'achat du CD vierge (pour qui veut graver) reste à la charge de l'internaute, qui doit en outre se passer de ces petites plus-values constituées par le boîtier d'origine et la couverture, le livret avec ses textes et ses photos.

De plus, en achetant de la musique en ligne, on rencontre d'autres problèmes d'ordre technique. En général, on n'acquiert plus du MP3, mais du WMA, un format de compression détenu par Microsoft permettant une gestion plus aisée des droits. Seuls cinq transferts sont autorisés vers des baladeurs sécurisés, on ne peut pas écouter son album sur deux PC différents et le nombre de copies est limité. Un faisceau de contraintes assez peu motivant, qui encourage ceux qui préfèrent la voie facile de l'illégalité.

Enfin il y a les lois, qui essayent de se mettre en place et d'introduire un peu de stabilité dans les univers mouvants du Net. Étant entendu que, à terme, il est très probable que l'on aille vers une augmentation du prix des abonnements à Internet, qui inclura forfaitairement les taxes liées au téléchargement. Manière de prendre à la source et à titre préventif ce que l'on ne peut pas contrôler en aval.

Le syndrome de l'écureuil

Ce que traduit la frénésie du téléchargement chez les jeunes en particulier, c'est un changement radical dans la perception de la culture (entendue au sens large et *flou* du terme).

Car Google et le téléchargement annoncent l'ère d'un accès dispersé, *dilettante* et surtout terriblement économique à cette culture. « En deux clic, voilà, c'est dans la boîte », résume Kevin, 17 ans. Investissement minimal, rendement optimal. Désolidarisée du support qui la matérialisait symboliquement, l'œuvre a du mal à assumer son statut, quand elle devient convocable à merci. Le téléchargement porte atteinte à l'idée qu'on se fait de la valeur de l'œuvre, reléguant son support et son auteur au rang d'épiphénomènes, dont on peut se passer sans dommage.

Mais le triomphe de ces nouvelles pratiques culturelles illustre aussi ce que j'appelle « le syndrome de l'écureuil ». L'agile rongeur est connu pour entasser tant de noisettes qu'il les abandonne souvent en ayant oublié où il les avait cachées. Combien d'internautes, de même, confessent passer leur temps à télécharger nombre de films qu'ils n'ont pas le temps de regarder, et de morceaux de musique qu'ils n'écoutent pas ? Et combien sommes-nous à « copier-coller » des choses prétendument passionnantes et indispensables, que nous ne prenons pas non plus le temps de lire ?

Le P2P peut alors être regardé de deux manières : comme l'essor d'un nouvel éclectisme, qui voit tout un chacun pêcher sur le Net ce qui correspond à ses aspirations profondes, ou comme l'avènement de ce que *Télérama* annonçait en une de son numéro du 29 janvier 2005 : la « culture jetable ». Quelques minutes pour télécharger, quelques secondes pour écouter, et moins encore pour faire glisser dans la petite corbeille, si le test s'avère infructueux. Du *zapping* numérique et culturel, en quelque sorte.

De manière plus concrète, il semble que le CD touche à sa fin, lui qui a poussé le vinyle vers la porte de sortie, il y a deux décennies à peine. Il va se trouver supplanté par de nouvelles technologies plus interactives, plus légères, mille fois plus puissantes, et pourtant virtuelles ou presque. Car ce que va entériner la révolution du MP3, c'est l'ère de la dématérialisation totale de l'œuvre. Et là où le livre électronique a échoué, pour des raisons autant ergonomiques que symboliques, le MP3 devrait réussir.

Une génération arrive, qui trouve déjà le CD musical lourd et obsolète. Cette génération, celle de Jérémie, a en permanence autour du cou une clef USB pleine de textes, de photos et, surtout, de musique trouvée sur le Net…

Les libraires accusent le coup des ventes en ligne. Les pertes sont lourdes, mais ils résistent tant bien que mal. Car il est fastidieux et surtout onéreux d'imprimer un livre depuis le Net, s'il est de plus en plus aisé de l'y commander. En revanche, même sans jouer les Cassandre, on peut prédire des jours sombres aux disquaires…

Jouer, à en mourir ?

Dans la sphère de la culture numérique des ados, les jeux en réseau sont entourés d'une aura pour le moins sulfureuse. MSN est étonnamment œcuménique, les jeunes adorent Google, les SMS sont aussi ludiques qu'économiques, les blogs jouissent d'une cote d'amour sans égale, notamment auprès des très jeunes. Mais il en va autrement pour les jeux en réseau.

Ils sont adorés par leurs sectateurs (on peut le dire comme cela sans trop d'exagération) et raillés par les autres (même ados), qui voient dans cette passion exclusive autant de vices que les adeptes y voient de vertus.

Dès qu'on évoque les jeux en réseau, on fait référence à leurs contenus violents et immoraux, aux addictions qu'ils provoquent, à leur caractère « chronophage » et à leurs effets psychologiques réputés désastreux. La liste des doléances n'est pas close. En tout cas, les médias, toujours prompts à crier au loup et haro sur le baudet, s'en donnent à cœur joie.

Les parents des ados dont il est question ici se sont mis aux SMS depuis longtemps. Ils n'ont pas la dextérité de leurs enfants, mais ils se débrouillent. Ils cherchent également de l'information sur Google, et se penchent avec bienveillance sur les blogs de leurs chères têtes blondes. Et il leur arrive même de *chatter* sur un site de rencontres, pour peu qu'ils soient célibataires (car être parent et célibataire est de moins en moins l'exception). Mais, avec les jeux *on line*, « ils ont vraiment du mal ». Et le petit côté *glamour* auquel *Lara Croft* et le célèbre *Tomb Raider* ont contribué pour réhabiliter les jeux ne fait pas tout. On retient quand même avant tout l'hémoglobine récurrente en plein écran (dans les jeux de *shoot*), les terroristes à « dessouder », les autoroutes à emprunter à contresens.

Les deux problèmes majeurs de ces jeux sont la désocialisation qu'ils entraînent, et l'insensibilisation à la violence.

L'enseignant que je suis compte chaque année trois ou quatre « repentis » parmi ses étudiants. Des repentis, c'est-à-dire des garçons (presque toujours) qui avouent, plus penauds que fiers, qu'ils ont *joué* pendant un an. Immanquablement, ils expliquent à la classe (lors d'exposés en travaux dirigés) que « jouer un an » les a conduits à rater le bac, à quitter leur petite amie, à connaître de graves problèmes familiaux, et accessoirement de santé (perte de poids, troubles du sommeil, irritabilité excessive).

Alors, comme Clovis, ils brûlent ce qu'ils ont adoré. Pour bien souligner leur revirement, ils affirment publiquement « qu'ils ont décroché ». Et ils consacrent symptomatiquement leur exposé aux « addictions liées aux jeux *on line* », en guise de catharsis. À écouter leur troublant témoignage, on ressent un malaise, en saisissant confusément qu'ils reviennent dans notre monde après un long exil dans une sorte d'univers souterrain qui a ses rites, ses hiérarchies, ses règles, aussi hermétiques qu'impitoyables.

L'univers des jeux en réseau (ou *on line*) est presque exclusivement masculin : 90 % des joueurs sont des garçons. Effectivement, les jeux de guerre, de stratégie, de sports souvent violents ont la part belle dans les catalogues des industriels du secteur. Et les filles ont (au regard de mon enquête) une image très négative de la chose en général. Presque tout les y rebute : les contenus, les séances interminables, la violence et l'addiction. Pour la très grande majorité d'entre elles, le monde des jeux est totalement opaque.

Entrer dans un cybercafé une après-midi de semaine, d'ailleurs, laisse sans équivoque sur la sociabilité rugueuse créée par les jeux en réseau dans la communauté adolescente : cris, invectives, voire insultes, mouvements d'humeur compulsifs rythment les parties, alors que les ordinateurs crépitent de rafales de mitraillettes. Et quand les sessions ont lieu à domicile, les échanges sont tout aussi frustes et martiaux : interjections monosyllabiques, repas pris sur le pouce, devant l'écran, qui ne se distinguent pas par leur équilibre diététique (régime pizza-Coca-Cola).

Une caricature tenace colle aux joueurs en réseau : celle de l'authentique *nerd*, cet adolescent introverti et inhibé qui s'invente sur écran une personnalité qu'il a du mal à assumer dans la vie. Le jeu et les relations virtuelles qu'il y développe constitueraient un refuge, une échappatoire. Il y consacre des heures, des nuits, des week-ends entiers, aussi « accro » qu'un héroïnomane à sa dose. 10 % des joueurs avouent les difficultés qu'ils auraient à être privés des paradis artificiels du Réseau. Nora, 18 ans, l'unique joueuse rencontrée, va dans ce sens : « Je jouais à *Half Time* jusqu'à huit heures par jour, mais j'ai arrêté, car c'est dangereux en termes de dépendance. » Selon Néhémie, 18 ans également : « Je sais que certains passeraient leur vie à jouer. » Quant à Franck, qui a un an de plus : « Les jeux... ? C'est une drogue ! Pas de temps à consacrer à ces bêtises. » Et Emmanuel, 18 ans, de conclure : « Les jeux en réseau, c'est très captivant, cela prend vite du temps. Cela forge des groupes d'amis qui ne se connaissent pas vraiment. Agréable mais illusoire. »

Les jeux en réseau désocialisent-ils vraiment ? Produisent-ils des effets néfastes sur leurs adeptes ? En tout cas, « les recherches sur les joueurs assidus soulignent plutôt leurs moins bonnes performances à l'école, leur désintérêt pour la lecture et leur opinion critique vis-à-vis de leur environnement familial et scolaire[25] ». Dont acte.

La rumeur prétend par ailleurs que l'armée américaine utilise les jeux de guerre lors de journées d'information, s'en servant tout à la fois pour

25. Justine Cassel et Henry Jenkins (dir.), *From Barbie to Mortal Kombat*, Cambridge, MIT Press, 1998, cité par Dominique Pasquier, *Cultures lycéennes. La tyrannie de la majorité*, La Découverte, Paris, 2005, p. 88.

favoriser le recrutement, puis pour insensibiliser les jeunes recrues à la violence.

D'autres chercheurs, en revanche, réclament plus de mesure. Selon eux, les jeux seraient un vecteur de socialisation, au sein du groupe de fans en tout cas. Quentin, 18 ans, confie : « En vacances, je joue à *World of Warcraft* dix heures par jour, et en période de cours, trois heures seulement. Il y a une très bonne ambiance, de jolis graphismes, de la musique… » Ahmed, 17 ans, confirme cela : « Je suis dans une *team* de jeux en ligne (*Counter strike*). Je joue environ une heure et demie par jour avec des amis, c'est une activité ludique comme une autre. »

Selon Dominique Pasquier, ces jeux sont des « passions exégétiques[26] », qui se fondent autant sur une activité de commentaire que sur des rencontres face à face et des sorties ritualisées. Les passionnés de ces *hobbies* passent leur temps à qualifier et à valider le jeu. Ils possèdent pour cela des réseaux parallèles, via leurs forums et leurs magazines spécialisés.

Jouer en boucle et en réseau…

Le lecteur aura compris qu'il n'est pas question ici des jeux vidéo ni de consoles qui rassemblent quelques copains devant le poste de télévision, *joystick* en main (PS2 et autres X Box), mais de ceux qui rivent les ados devant leur ordinateur et les interconnectent en réseau local (les LAN, *Local*

26. Dominique Pasquier, *op. cit.*, p. 98.

Area Networks) ou à l'échelle de la Toile : les jeux *on line*. Le principe est simple : on s'interconnecte et on joue, soit avec des amis qui se trouvent proches physiquement, soit, depuis chez soi, avec des joueurs du monde entier. Certains jeux (les MMORPG, les deux premières lettres signifiant *Massively Multiplayers*) sont ainsi pratiqués par 100 000 personnes en même temps. Plus modestement, Jérôme, étudiant en licence, explique faire actuellement partie d'une « guilde » de 80 personnes rencontrées sur le jeu *World of Warcraft*, le « noyau » de la « guilde » se connaît *IRL* (*In the Real Life*).

Il existe en fait plusieurs types de jeux, avec leurs spécificités et leurs adeptes respectifs. Ceux d'« action pure » (ou FPS, *First Player Shooter*), souvent très violents, et qui consistent à détruire « tout ce qui bouge » (comme dans *Quake III Arena* ou *Unreal Tournament*) ; les RPG, ou *Role Playing Games*, sont des jeux de rôle dans lesquels on incarne un personnage dans un univers imaginaire (comme dans *Final Fantasy*) ; les MMORPG sont en fait des RPG qui se jouent uniquement sur Internet avec de nombreux autres joueurs. Il y a de même les simulations sportives, plus ou moins réalistes (courses de voitures ou matches de football) ; puis les jeux de stratégie, qui requièrent l'adresse et le sens de la gestion d'un joueur. Celui-ci, en principe, doit détruire une base adverse. Enfin (et la liste n'est pas strictement exhaustive), on peut aussi faire référence aux jeux de gestion et de réflexion, dont le but est de résoudre un problème posé.

Il est difficile, compte tenu des mille différences subtiles qui les caractérisent, d'analyser ces jeux de manière globale. Mais certains traits leur sont communs. Ce sont eux qu'il convient de mettre en exergue.

D'abord, l'excitation nerveuse extrême qui atteint la plupart des joueurs – de leur propre aveu – pendant la session. La production de dopamine étant accélérée, il existe un danger (certes minime) de ne pas mourir qu'à l'écran, mais « pour de vrai ». Car l'excitation en question fait disparaître la sensation de fatigue. Signalons le cas de Lee, ce Coréen de 28 ans, qui s'est effondré foudroyé par une crise cardiaque alors qu'il jouait depuis quelques dizaines d'heures déjà, sans parvenir à s'arrêter...

Un autre point commun est la longueur des sessions. Chacune d'elles représente « une immersion durant laquelle le temps est comme aboli », confessent-ils tous. Et ils peuvent aisément y passer la soirée, la nuit, le week-end même. Aurélien, 17 ans : « Je joue à des jeux de *shoot*. Les jeux en réseau sont généralement intéressants, mais très prenants en temps, c'est pour ça que j'y joue peu. »

Le combat s'arrête faute de combattants, quand toutes les ressources (physiques et techniques) sont épuisées. Par-delà l'esprit de compétition prononcé, le plaisir de la surenchère et le sentiment de repousser ses limites (la fatigue, notamment) reviennent dans nombre de témoignages. Le jeu *on line* constitue donc une passion exclusive, qui voit la plupart de ses *aficionados* en oublier (momentanément) de sortir, de dormir, d'avoir d'autres passe-temps, pour être « tout au jeu ».

Alexandre, 19 ans, animateur d'une communauté de joueurs en réseau, explique : « Pendant les vacances, je peux jouer entre douze et quatorze heures par jour. Je suis responsable et animateur d'une communauté de joueurs. Cela consiste à créer des tournois avec des prix à gagner, etc. »

Anthony, 18 ans, est un peu plus pessimiste, ou réaliste : « J'ai joué en réseau quatre heures par jour en moyenne, j'étais presque dépendant, cela prenait une trop grande place dans ma vie. Les jeux *on line* sur le Net sont en fait une drogue. On doit s'entraîner, on a des matches en équipe, on participe à des LAN dans des villes du département. Quand on est pris là-dedans. »

Avec ses codes, ses icônes et ses idoles, vu de l'extérieur, l'univers des jeux semble très tribal. Il y a là une conscience claire de faire partie d'une communauté, celle des fans d'un jeu précis. Dès qu'on a « mordu à l'hameçon », on appartient au clan, à la « guilde ». On se documente (sites, forums, presse spécialisée), on échange des informations cruciales, on se rencontre « pour parler jeux » et évoquer « le sens à donner aux personnages ». Et des hiérarchies strictes existent, qui séparent les *newbies* (les novices) des *hard gamers* ou *coregamers,* qui attirent le respect et la considération de tous les autres.

Très réglé, le monde des jeux a un côté autarcique. L'investissement personnel doit être très fort, dès lors que l'on commence à avoir un bon niveau. Certains *gamers* avouent souffrir réellement quand leur double virtuel est en difficulté. Ils s'identifient tellement à cette projection d'eux-mêmes qu'ils se refusent à les voir mourir. À l'avenant, d'autres joueurs sont capables de mettre leur réveil en pleine nuit, car ils savent qu'ils subiront une attaque au moment où Japonais et Australiens se connectent.

On peut donc bel et bien parler de *cyber-addiction*. Et tous les étudiants « repentis » que j'évoquais plus haut reconnaissent et assument cette dépendance, qui les a liés corps et âme à « l'ordi » et aux autres joueurs. Symptomatiquement, le centre Marmottan à Paris, haut lieu de la toxicologie, a élargi ses compétences aux addictions à Internet et aux jeux.

LES JEUX *ON LINE*, QUINTESSENCE DE LA CULTURE NUMÉRIQUE DES ADOS

Mais, avant de juger ces joueurs (ce qui n'est pas le propos ici), sans doute convient-il de comprendre les raisons de la troublante attraction que le jeu exerce sur eux.

Plus haut, je brossais un panorama des fondements de la culture numérique des ados. Je m'efforçais d'expliquer qu'elle est ludique, dynamique, fulgurante et réticulaire* (fonctionnant en réseau), et qu'elle induit une toute-puissance, des logiques relationnelles de transgression, ainsi qu'une frénésie et des addictions. Or, nulle autre pratique numérique plus que les jeux *on line*, ne semble rassembler autant de ces traits à la fois. Pour le meilleur et pour le pire.

Pour ne pas terminer sur une note trop pessimiste, nous pourrions être tentés d'admettre que ces jeux possèdent *aussi* des vertus socialisantes et développent des qualités techniques et intellectuelles qui ne sont pas seulement de l'ordre du réflexe. Ils pourraient être un passe-temps comme un autre, permettant comme la plupart des jeux d'entrer dans des mondes imaginaires, régis par leurs propres règles et codes. Et pourtant, c'est le discrédit dont ils sont l'objet de la part des jeunes eux-mêmes qui pose le plus question. Ainsi, Julien, 19 ans : « J'ai eu ma période, effectivement, mais j'ai arrêté depuis que j'ai compris les conséquences néfastes qu'une utilisation intensive peut entraîner. »

Il semble *in fine* que ces jeux soient les impitoyables révélateurs de l'équilibre mental de leurs adeptes. Savoir rester à la bonne distance ; ne pas se prendre pour un autre, en faisant toujours la part entre le réel et le virtuel, entre soi, son double et les autres ; apprendre les compromis, étant entendu que, pour avancer dans le jeu, il convient d'échanger, de discuter, de concéder ; maîtriser, aussi, les effets du jeu, en ne le laissant pas interférer dans la « vraie vie », scolaire, familiale et sociale : tels seraient alors les signes d'un usage sain, voire profitable des jeux.

Et si les jeux, avec un peu de recul, étaient aussi une école de la maturité ? On peut l'espérer. Car, d'ores et déjà, ce sont les téléphones portables qui sont connectés en réseau, pour permettre aux jeunes de jouer, encore et toujours plus, de jouer à en mourir ; mais « pour de faux »…

Des écrans très attachants…

La « *cyber*-addiction » : les ados pris dans les mailles de la Toile

Des ouvrages à succès brossent de sombres tableaux cliniques des addictions affectant l'homme moderne. Et, dans la catégorie des « dépendances sans drogues », la « techno-addiction » figure désormais en place de choix.

Des « *cyber*-addictions » existent bel et bien. Et les nouvelles machines à communiquer ne sont d'ailleurs pas les premiers médias à être justiciables de ces critiques. Avant Internet et les téléphones portables, la télévision, la bande dessinée, le minitel, les jeux vidéo ont suscité les mêmes craintes. Et il est désolant que ce soient les médias qui toujours essuient ces critiques, la place prise dans nos vies par l'automobile, les ascenseurs, l'électroménager ou nombre de « drogues alimentaires » pourrait également être pointée du doigt.

Les médias sont en première ligne quand on évoque les nouvelles addictions. Scruter les usages qu'en fait le grand public, c'est s'interroger sur l'influence exercée par ces médias, et sur la manière dont ils reconfigurent la vie sociale. C'est donc les regarder avec un « effet de prisme ». Car chacun de ces médias prend de la place et occupe du temps, logiquement. Les dépendances et les addictions existent, mais elles restent quantitativement marginales (moins de 10 % des utilisateurs). Cependant, quelques études, reprises en boucle par les médias, tendent à faire accroire que ces phénomènes toucheraient beaucoup plus de monde. En constituant, bien sûr, une réelle menace pour la cohésion sociale (qui n'a pourtant pas attendu le révélateur des nouvelles technologies pour exprimer son malaise).

Journaux et magazines sont à ce point fascinés par les extrêmes qu'ils en oublient d'évoquer la norme et la moyenne. Ainsi, selon certains reportages télévisés, de plus en plus de jeunes ressembleraient aux *Otaku*, ces ados japonais suréquipés en TIC, qui vivent coupés du monde, reclus dans leur chambre comme le rat de La Fontaine dans son fromage. Ils ne communiquent avec l'extérieur que via Internet et les SMS. Ces « cyber-ermites » sont quelques centaines dans les très grandes villes nipponnes. Mais, si leur vie est triste et inquiétante, pourquoi tant d'enquêtes télévisées nous donnent-elles à croire qu'ils sont des milliers, et que ce danger est à nos portes ?

LA « *CYBER*-ADDICTION » : TABLEAU CLINIQUE

La question des « toxicomanies sans drogues » intéresse les spécialistes depuis les années 1940. La notion est complexe, tant l'éventail est large des pratiques et des vecteurs pouvant être rangés dans cette catégorie (comportements alimentaires ou sexuels, jeux vidéo, téléphones…).

Mais comment l'addiction peut-elle être définie ? En substance (si je puis dire), il s'agit d'un processus selon lequel un comportement permet à la fois d'éprouver un plaisir et de soulager une tension interne, génératrice de troubles obsessifs-compulsifs. En conséquence, ce comportement est répété, malgré les efforts du sujet pour en réduire la fréquence. À cela s'ajoute corollairement le sentiment de manque, quand surgit l'impossibilité de s'adonner à l'activité source du plaisir.

Bien sûr, le Net ne provoque pas les manifestations physiques caractéristiques de l'utilisation de substances psychoactives. Néanmoins, les perturbations sont d'ordre psychologique, ressenties sous forme de malaise intérieur, de stress, d'anxiété, de pensées obsessionnelles et de désarroi quand le sujet est retenu « loin du clavier ». Et quand il peut s'adonner à sa passion, *enfin,* se font jour excitation, fascination et frénésie, perte des sensations de sommeil et de faim, crampes… Il est à noter que l'ordinateur (et sa « consommation » compulsive) devient surtout le vecteur primaire d'addictions secondaires : jeu pathologique, achats compulsifs, « cybersexe »… Ou jeu d'un genre nouveau, avec soi et un autre indistinct et cependant omniprésent, notamment sur les forums de discussions.

Il est aisé de considérer ses propres passions constructives et exigeantes, et celles des autres futiles et stupides. Nous sommes toujours le drogué de quelqu'un. Et nos mauvaises habitudes liées au tabac, à la télévision, au téléphone ou au chocolat peuvent tour à tour amuser ou énerver nos proches. Ainsi en va-t-il de la relation entretenue par certains jeunes avec leur ordinateur et Internet. Mais comment quantifier les excès, et faire la part toujours équivoque de la normalité ? Nombre des étudiants que j'ai interrogés avouent qu'ils ne pourraient pas se passer d'Internet et/ou de leur portable. Il est étonnant et troublant de s'apercevoir que le premier danger des TIC, selon eux, ce sont les dépendances qu'elles provoquent chez leurs utilisateurs. Ce reproche à l'égard de la dépendance revient comme une antienne chez des ados qui reconnaissent par ailleurs en être victimes, et l'assument.

Des psychiatres, entre autres nord-américains (dont Ivan K. Goldberg), ont établi des grilles d'appréciation de la « cyber-dépendance » et autres « web-addictions ». En général, elles sont présentées sous forme de listes de questions visant déjà à aider les « cyber-dépendants » à prendre conscience de leur état, afin de pouvoir ensuite essayer de « décrocher », et de « se déconnecter », au propre comme au figuré. Ces critères typiques de *l'Internet Addiction Disorders* (IAD) sont calqués sur ceux de la DSM-IV[27]. En aparté, il est d'ailleurs savoureux de constater que c'est sur le Net que

27. La DSM (IV), ou *Diagnostic and Statistical Manual of Mental Disorders*, tableau de classification des troubles mentaux, dont la première version parut en 1952 aux États-Unis.

conseils et consultations sont souvent prodigués outre-Atlantique !

La dépendance est avérée quand sont constatés une augmentation progressive du temps passé en connexion et des syndromes de manque qui rendent problématiques voire douloureux l'arrêt ou la réduction de l'accès au Réseau. Mais aussi une agitation psychomotrice devant l'imminence de la connexion, des fantasmes ou des rêves au sujet de l'Internet, ainsi que des mouvements anormaux et involontaires des doigts de la main.

Vos ados en sont là ? Il faut alors consulter sans tarder. Car, dans ce cas, l'internaute s'inscrit dans un rapport de fascination qui lui fait ignorer les remarques et les reproches, alors qu'il passe de plus en plus de temps en ligne, à jouer, à surfer et à *chatter*. C'est alors la vie sociale dans son ensemble qui en est affectée, avec des conséquences qui peuvent être graves : perte d'emploi, ou redoublement dans le cas des jeunes scolarisés, désocialisation, fatigue et tension nerveuse, insomnie...

LA « *CYBER*-DÉPENDANCE », ÉPOUVANTAIL MÉDIATIQUE...

En 1997, alors que la Toile commençait son fol essor, une équipe de chercheurs de l'université américaine Carnegie-Mellon dévoila les résultats du projet *HomeNet*, consacré aux effets d'Internet. *Scoop*, ils y affirmaient que *certains* usagers du Réseau souffraient d'isolement. Je pense pour ma part qu'on enfonçait là une porte ouverte. Car l'étude ne faisait que rappeler ce que d'autres avaient dit auparavant à propos du cinéma, de la télévision, de la vidéo, des jeux vidéo et *tutti quanti*. Et pourtant, les médias firent grand bruit de la « découverte ». Des reportages et des éditoriaux commencèrent à affirmer qu'Internet pouvait rendre ses utilisateurs tristes et dépressifs. Avec un peu d'imagination, un « autisme social » d'un genre nouveau guettait le plus épisodique des internautes. En 1997, nous n'en étions ni au taux d'équipement de 2006, ni à l'ADSL.

Peu de temps après la divulgation publique de leurs travaux, les chercheurs du projet *HomeNet* essayèrent cependant de nuancer leurs positions, en rappelant par exemple que les usagers observés en étaient à une utilisation encore expérimentale d'Internet, et que beaucoup étaient des adolescents. Ce paramètre, déjà, introduisait des nuances dans la lecture de leurs conclusions. Se dessina néanmoins en creux de leurs pages le portrait de l'internaute dépendant, qui s'est imposé comme un archétype : de sexe masculin, jeune, faisant des études, financièrement indépendant, et surtout *immature* d'un point de vue socio-affectif. Dans l'impossibilité de se construire une identité véritable, anxieux, timoré et dépressif, ce *nerd* évolué oublierait ses complexes et sa solitude en errant sur le Net.

Cependant, la formidable pénétration sociale d'Internet amène à considérer que beaucoup des autres internautes développent des traits propres aux addictions, à des degrés divers. Presque tous les ados que j'ai interrogés reconnaissent avoir eu, à un moment ou à un autre, un comportement relevant des tableaux cliniques évoqués plus haut : envie irrépressible de se connecter, frustration ou manque loin du Réseau, jubilation lorsqu'ils ont accès au jeu...

Mais il y a les addictions qui ne se disent pas. Les jeunes (et leurs parents, d'ailleurs) pourraient-ils se passer de leur portable... ? Pas sûr. Et les collégiens de 2006 passent chaque semaine trois fois plus de temps en moyenne sur MSN qu'à faire leurs devoirs. Certains s'en tireront par une pirouette en disant qu'ils font *aussi* leurs devoirs sur MSN. Alors, demain, tous « *cyber*-dépendants »... ? La migration vers la Toile de toujours plus d'activités de la vraie vie (travailler, acheter, se documenter, s'instruire et se distraire, se rencontrer et s'aimer) devrait nous voir être de plus en plus présents dans les univers numériques. Alors oui, nous devrions être *dépendants* des nouvelles technologies, au sens littéral avant même de l'être dans l'acception clinique du terme.

Les blogs adolescents, chambres d'ego…

En 2000, alors que nous guettions l'arrivée trop prévisible (et si bien orchestrée) du bug, ce sont d'autres révolutions qui se préparaient dans l'univers numérique. Deux révolutions silencieuses, touchant les réseaux et les personnes : la montée en puissance de l'ADSL, et la naissance des blogs.

Quelques années plus tard, tout le monde a oublié « *the big bug* ». Mais cela fait deux ans que « blog » est consacré *word of the year* – « mot de l'année » – par la presse nord-américaine et française (*Télérama*).

On évoque à longueur de reportages la *blogosphère*, la *blogmania*, ou encore la *blogattitude*. En France, Skyrock a beaucoup compté dans l'émergence de ce phénomène, en incitant les jeunes à créer leurs blogs, et en leur offrant une aide logistique et technique précieuse. La plate-forme Skyblog en hébergerait désormais plus de deux millions.

Un blog ? Ce mot, contraction de *web* et de *log* (« carnet de bord »), désigne en fait une « page perso » interactive. Une sorte de journal intime numérique, ouvert à tous ceux qui souhaitent le lire et le commenter. Une carte d'identité améliorée, avec photos, confidences, avis sur la vie, coups de cœur et coups de gueule en mots et en images. Le principe avait tout pour plaire aux ados. Mise en scène de soi, glose perpétuelle des petites joies, des grands chagrins, des espoirs tus (mais confessés du bout des doigts), sentiment de communion et impression de maîtrise de ce que l'on dit, « délire » collectif sur tout et rien, et surtout sur les profs, qui s'en inquiètent et vont jusqu'à s'en plaindre à leur hiérarchie. Bons sentiments de rigueur, aussi, tant les *coms* (les commentaires, archivés chronologiquement) *doivent être gentils*. Les adolescentes supplient en tout cas leurs visiteurs d'être indulgents et sympas, de ne pas « casser », mais de « caresser », par des mots doux numériques. Et bien sûr, l'ensemble des *posts* (petites notes ajoutées au jour le jour) est rédigé en « langage SMS », capitales hurlées et *smileys* complices.

Bloguer peut rapidement devenir une pratique addictive pour les jeunes. D'autant qu'un blog constitue souvent un alibi à des motivations relationnelles, puisqu'il ne vaut que commenté. Et comme chacun réagit au commentaire précédent, on s'éloigne souvent rapidement du sujet originel. Des liens hypertextes reliant de surcroît aux « blogs amis » (les âmes sœurs, ou *soulmates*), visiter un blog amène souvent à un long voyage dans les arcanes du Réseau, autant que dans les détours tourmentés des états d'âme adolescents.

ÉMOIS, ET MOI...

Mais qu'est-ce que les ados mettent donc « en ligne » (et en lignes, finalement) sur ces blogs ?

Dire qu'il s'agit de « chambres d'ego » est plus qu'un jeu de mots facile. Variante stylistique, les analystes de la *blogmania* ont exhumé un concept psychanalytique, l'*extimité*, pour qualifier cette extériorisation de l'intimité.

En fait, on trouve plusieurs grands types de propos sur les blogs adolescents : le commentaire impertinent de la vie au collège, les passions (sport, musique...), et surtout le corps et le cœur, les expériences vécues et les épreuves traversées. Les blogs étant tapis dans des labyrinthes numériques aux voies souvent impénétrables, les jeunes s'y confient beaucoup[28].

Les jeunes blogueuses en fleurs composent un florilège des préoccupations et soucis de « l'adolescente éternelle ». Le carnet intime a migré sur la Toile, propice alors à sa lecture par autrui, « et plus si affinités ». Mots du cœur et maux de celui-ci, confidences maladroites et parfois impudiques, romantisme *cheap* sous forme de poèmes à la rime faible « copiés-collés » et *forwardés*, photos bravaches des *lolitas* un rien provocatrices fleurissent dès les pages d'accueil.

28. Il faut ici préciser que les blogs sont essentiellement féminins, et que le « gros des troupes » est constitué de collégiennes, avant tout. Ainsi, en 2005, 21 % des filles de 11-15 ans ont déjà un blog, contre 12 % des garçons du même âge.

Mais il ne faut pas voir que mièvrerie dans ces confessions *on line*. Beaucoup de jeunes arrivent parfaitement à exprimer toute la complexité de leurs sentiments, l'exaltation et l'ambivalence des « premières fois ». Et toujours, les *posts* appellent les commentaires, les conseils, l'indulgence, la gentillesse ; l'écoute, tout simplement.

Pourtant, les blogs des ados sont-ils vraiment lus et entendus… ? Ou chacun n'est-il pas là, finalement, davantage pour s'exprimer, et ne lire que les commentaires en abyme ? La question se pose, quand on pense à de récents suicides d'ados relatés par les médias, dont le projet avait été explicitement formulé sur le Net. À moins que la surreprésentation de la mort dans les médias et la dramatisation sentimentale propre à l'adolescence n'aient édulcoré la sensibilité et la vigilance de leurs « amis numériques ».

Les blogs, en tout cas, sont le juste miroir des interrogations, et parfois de la désespérance de jeunes en quête de repères, alors que la famille et l'institution scolaire leur en donnent de moins en moins. Un blog célèbre fut entièrement dévolu à la narration crue d'un viol, assortie de centaines de réactions anonymes, tour à tour admiratives pour le courage de la victime et haineux à l'égard du violeur[29]. La jeune fille écrivait cela depuis sa chambre, et ses proches ignoraient tout du drame, alors que des inconnues compatissaient, la soutenant et la

29. http://mon-viol.skyblog.com/2.html. Mais ce blog a été désactivé par *Skyblog* au moment où je terminais ce livre, pour contenu (précisément) choquant.

conseillant. Étrange signe des temps que cette inversion de l'ordre de l'intimité et de la confidence.

Par extension, anorexie et boulimie sont aussi sujettes à confidences, et exhortations maladroites à « tenir bon ». Car, grâce aux blogs, soudain l'on n'est plus seul(e), mais compris(e) et soutenu(e). Les désarrois et les questions existentielles offrent mimétisme et compassion. Car, généralement, ce ne sont pas des conseils que l'on trouve sur les blogs ados. Juste la confirmation de ce que l'on dit, de l'assentiment. Règnent là les émotions et les réactions épidermiques.

Des tags numériques

Pourquoi les blogs connaissent-ils un tel engouement ? Pourquoi les ados mettent-ils ainsi leur intimité au vu et au su de tous, avec tant de facilité et d'impudeur, finalement ?

Ce mode d'expression sied aux ados, qui se construisent en se mettant en mots, en se racontant, en testant l'effet de leurs propos sur autrui ; et en cherchant, bien sûr, à être confortés dans leurs choix et leur être. Strict corollaire de MSN, les blogs constituent à la fois des miroirs identitaires et des exutoires. Les ados y cherchent la confirmation de ce qu'ils sont socialement. Et ils y trouvent aussi des liens de cœur, de sexe et de vie.

Mais il ne faut pas négliger la dimension essentiellement égocentrique et narcissique de cette pratique. Les jeunes s'y mettent ostensiblement en scène et surtout en valeur : photos et textes avantageux, stricte sélection (en règle générale) des aspects les plus valorisants de la personnalité et de la vie; et surtout, appel aux *coms* positifs, qui seront reçus, puis relus, comme autant de « câlins numériques ». Car, dans le principe, les blogs sont éminemment égocentriques : on parle de soi, et on regarde ce que les autres en pensent.

Les blogs procèdent en ce sens à une sur-valorisation de l'*intérieur*; c'est-à-dire de l'intérieur à la fois domestique (et on se souvient de la *bedroom culture*) et existentiel.

Les blogs permettent aussi de « territorialiser » le Net, dont le caractère virtuel est parfois pesant, paradoxalement. Comme des tags numériques, ils occupent l'espace et montrent « qu'on est là », qu'on existe sur la Toile. Le blog est comme une signature très personnelle dans la grande nébuleuse d'Internet.

C'est la « planète ado » qui a été saisie de *blogmania*. Et des centaines de milliers de (très) jeunes sont devenus les maîtres d'œuvre de la *blogosphère*. Il faut y voir un phénomène de groupe, par extension exportable aux autres TIC. Selon Pierre Bellanger, le succès des blogs traduit « la fantastique capacité d'expression d'une génération, généralement méprisée et sous-représentée dans les médias. Lorsqu'elle a la possibilité de s'emparer d'un outil, elle lui donne une ampleur que personne n'aurait pu imaginer[30] ». Et si les ados ont si massivement investi ces TIC, par-delà leurs inestimables fonctionnalités, c'est aussi parce qu'ils perçoivent intuitivement qu'ils détiennent un vrai pouvoir en

---

30. Cité par *Télérama* dans un très large dossier consacré aux *blogs* (n° 2890 du 1er juin 2005).

maîtrisant ces technologies. Alors que leurs profs et parents, pour la plupart d'entre eux, restent frileusement à l'orée de la « jungle numérique ».

Mais les blogs d'ados ne sauraient se réduire à n'être que des vitrines flatteuses. Se caractérisant par un vrai conformisme graphique, ils ne valent que par les liens (déjà hypertextuels) qu'ils génèrent. Et les jeunes s'échangent maintenant aussi communément leur numéro de portable que leurs adresses MSN et blog. Il convient en effet de « générer du trafic », d'être le plus visité possible. Google établit même la liste des blogs les plus référencés.

Petites constellations amicales dans la nébuleuse de la Toile

La *blogosphère* est composée de millions de petites fenêtres intimes ouvrant sur autant d'intérieurs singuliers, ainsi que sur les liens les interconnectant toutes. Il s'agit en fait de petites constellations amicales et sociales au sein de la nébuleuse du Net, avec ses champs de force, ses trous noirs et ses étoiles, c'est-à-dire ses petites *stars*.

Les jeunes *blogueurs* constituent une tribu numérique très organisée, avec ses codes et ses normes, encore. Et surtout la conscience vraie d'appartenir à cette communauté, d'y être entre semblables. Comme pour MSN, la pression de la conformité – qui est plus qu'un effet de mode – est écrasante. Ainsi l'initiative d'un premier blog est-elle souvent le fait d'un élément d'un groupe d'amis ou d'une classe, ensuite imité par d'autres.

Mais ce qui me semble important de relever à titre de conclusion, ce sont les similitudes entre les blogs et la « télé-réalité » : apparition concomitante au début du millénaire, même sur-valorisation de jeunes gens poussés au narcissisme, même pression exercée par le groupe sur l'individu, même apologie des liens amicaux, même aspiration éperdue à la gloire aussi, dans la lignée du « quart d'heure de célébrité » qu'évoquait Andy Warhol. Enfin, correspondance flagrante dans les confidences et l'étalage public des états d'âme. Dans la « Star-Academy » et sur les blogs, les ados savent intuitivement qu'ils ont tout intérêt à être « le plus vendeurs possible », pour susciter les visites, les liens et les suffrages. Au risque de l'impudeur ou de la surenchère discutable, comme chez ces très jeunes ados qui mettent sur leur blog des photos assez ambiguës. Signalons qu'au Japon la mode est déjà aux *Erogs*, blogs érotiques sur lesquels des inconnues dévoilent leurs charmes, pour susciter réactions et commentaires...

En tout cas, les blogs, s'ils ne sont pas tout à fait la « télé-réalité du pauvre », se fondent comme celle-ci sur une mise en scène de l'individu, ainsi que sur la validation par autrui de ce que l'on *montre* de soi. Capter un auditoire, coûte que coûte, se sentir écouté et aimé, même si tout cela se fait toujours finalement par la procuration d'écrans. Et devenir une star, peut-être, grâce à son blog. Ainsi en va-t-il de Max, à la narration numérique si exaltante qu'il eut même droit – ô nirvana ! – au plateau de Marc-Olivier Fogiel.

L'autre paradoxe, déjà évoqué, réside dans cette tendance à vouloir être lu et conseillé, connu et reconnu par des inconnus, quand souvent les proches ne savent rien des problèmes rencontrés et des difficultés traversées. Ce serait peut-être alors à ces proches de se pencher sur le contenu des blogs. Mais, ça, c'est une autre histoire...

CONCLUSION

Des réseaux enfin pensants... ?

Au terme de cette déambulation critique dans la « culture numérique des ados », une impression diffuse et ambivalente prévaut : convient-il d'être exalté ou pessimiste ? Nous avons vu que, indéniablement, nous nous trouvons devant une authentique révolution, à la fois médiatique et économique, mais aussi culturelle et sociale. Et la génération qui porte cette révolution « à bout de doigts », c'est celle de Jérémie. Aujourd'hui, ces jeunes ont entre 15 et 18 ans. Ils ont fait la révolution, mais ils ne l'ont pas fait exprès. Ils ont pris le pouvoir sur leurs parents et leurs profs. Car ils sont désormais détenteurs d'un savoir qui échappe en grande partie aux adultes. C'est tellement naturel pour eux de créer des sites et des blogs, de se donner rendez-vous sur MSN, de télécharger des « tonnes de musique », de faire deux exposés dans l'après-midi grâce à Google et de « descendre » ou d'encenser un film dès sa sortie en faisant « tourner » des SMS aux copains. C'est si simple qu'ils font tout cela l'air de rien, en s'étonnant de l'étonnement de leurs parents. Et pourtant, il y a dans leurs modes d'expression individuelle et d'action collective une manière d'être et de faire qui n'existait pas il y a dix ans.

Hier, les « cyborg-ados » avaient 12 ou 13 ans, ils étaient déjà ultra-équipés, possédaient des portables, surfaient et *chattaient*, en maudissant le bas débit. Demain, ils auront 20, 25 ans. Ils seront devenus des citoyens à part entière, qui n'envisageront plus d'acheter, d'apprendre, de se détendre et de s'exprimer même politiquement, sans les réseaux, et sans tous ces écrans à travers lesquels ils verront et feront le monde.

Ce modèle de société, contenu dans l'interconnexion généralisée des supports numériques, pourrait porter à l'exaltation. Tant de relations soudain si faciles (car déliées des contraintes habituelles), tellement de contenus ludiques et culturels à portée de clic, c'est l'éden social ! À en croire les opérateurs et les fournisseurs d'accès, toujours si prompts à vendre du bonheur en tuyaux et en réseau, connectez-vous, communiquez (encore plus) et vous serez heureux ! Mais les réalités sociales sont un peu plus complexes que cela.

J'ai essayé de mettre en garde, dès les premières pages de cet ouvrage, sur l'ambivalence de l'idéologie de la communication, sur ses préceptes tellement consensuels, et un rien démagogiques. Saine précaution, semble-t-il. Car, si le grand public et les parents connaissent maintenant les blogs, Google et le téléchargement, il n'est pas certain qu'ils aient pleinement conscience du poids de cette idéologie dans les manières d'être et de consommer de leurs ados.

On s'en souvient, l'idéologie de la communication appelle à la « connectivité généralisée », à la transparence absolue des pratiques et des discours, à la convivialité obligée, au *ludisme* comme moyen social et fin culturelle. Mais, avant toute chose, il convient de consommer de la communication. Étant entendu que cette idéologie est fille de la technologie et de l'individualisme. Alors, on achète des forfaits « H 24 », pour pallier la crise de la rencontre et la peur de l'autre, pour remédier à l'éclatement des communautés traditionnelles, dont la famille. Peut-on vraiment s'en tirer à si bon compte ?

Assurément, une révolution est en marche, et elle dépasse sa dimension originellement technique, pour faire sentir ses effets dans toutes les sphères de la société. Cette révolution interroge – les ados en savent quelque chose – jusqu'aux contours de l'identité, jusqu'au statut de la relation.

On aurait mauvaise grâce d'attaquer les fondements démocratiques de « l'utopie de la communication ». La libre circulation des opinions, la souveraine expression de soi, l'accès généralisé à de plus en plus de contenus, autant de principes très œcuméniques dans l'esprit. Mais tout cela recèle aussi des ambiguïtés. Et cette révolution est bien trop importante, dans ses implications, pour être laissée aux seuls marchands. Ou à tous ces gourous qui ont fait des *maux* de la relation un fonds de commerce.

Plus que jamais, il faut réaffirmer dans leurs fonctions des médiateurs, des passeurs, des tiers institués. Je pense aux enseignants, qui ont leur mot à dire pour accompagner la génération de Jérémie dans sa pleine maîtrise des TIC, ces « technologies sociales » qui sont aussi de formidables « technologies de l'ego ». Et, bien entendu, ce ne sont pas des conseils techniques que doivent donner ces profs. Ils en reçoivent plutôt de leurs élèves ! Ce qu'ils doivent inculquer, c'est l'apprentissage de l'esprit critique, de la mise à distance, et de la mise en perspective de tout ce qui vient à ces jeunes via les réseaux. Google, quel que soit son formidable esprit encyclopédique et son pseudo-universalisme, ne sera jamais l'*Encycopaedia Universalis*. Il faut le dire et le prouver.

Et puis il faut aussi réaffirmer que la culture et les processus d'apprentissage relèvent d'un effort, d'une temporalité lente, seule garante de la juste appropriation de ses contenus. Sinon on *surfe* dessus, précisément, et cette culture glisse alors sur la mémoire comme l'eau sur les plumes du canard.

Mais dire cela va désormais contre l'opinion dominante. Car le « zapping numériquement assisté » et une accélération incroyable dans l'accès aux informations sont deux des règles instituées par l'entrée dans l'ère des réseaux. Songez au petit mouvement d'impatience qui nous saisit quand les pages ne s'affichent pas instantanément sur l'écran, mais qu'il faut attendre une seconde et demie... Ceux qui ont grandi sous l'ère du livre savent encore parfois faire la part des choses. Ils savent que tout a un prix et une temporalité définie. Mais nos étudiants assument et revendiquent même le fait que, désormais, tout vienne à eux gratuitement, « juste en cliquant ». Car le Net leur donne cette illusion que, sans effort apparent, comme par enchantement, la culture, la musique et les autres sont à leur entière disposition.

Cette génération, qui a aujourd'hui entre 15 et 20 ans, a délaissé la lecture des grands quotidiens. Elle ne s'informe plus que par les journaux télévisés, la radio ou le Net. Elle fait une religion, en revanche, des « Guignols de l'info » et du « Vrai faux journal » de Karl Zéro. Demain, cela pourrait donner des citoyens éclairés, mais par des écrans, et formés à la dialectique par « l'esprit Canal + ». Une « révolution permanente » sous forme de parodie généralisée, toujours pleine d'indignation, mais vide d'action et de prise de risques, coincée entre la souris et la télécommande. Natacha Polony ose des mots très durs pour qualifier cette génération : « Ce que nous avons conçu, c'est une jeunesse sans mémoire, née de nulle part. Nous avons inventé la génération culturellement spontanée[31]. »

UNE GÉNÉRATION À « TRÈS GRANDE VITESSE »

Tout doit aller vite, très vite, pour la génération de Jérémie. Ne pas perdre de temps, aller *à l'essentiel* (mais quel est-il ?). Zapper ce qui pèse et ralentit; c'est-à-dire, bien souvent, la culture. Quitte à passer le temps *gagné* de la sorte à *chatter* ensuite. Et là encore, faire court, concis, percutant. Pas de

31. Natacha Polony, *Nos enfants gâchés. Petit traité sur la fracture générationnelle*, J.-C. Lattès, Paris, 2005, p. 30.

temps à perdre « à être long ». C'est la mentalité (et l'orthographe) SMS qui contamine les écrans et les esprits. Aurélia Dejond, dans *La Cyberl@ngue française*, le dit ainsi : « Efficace. Clair. Précis... Il n'est pas rare qu'un internaute se fasse rappeler à l'ordre par d'autres s'il envahit l'écran de phrases longues qui empêchent chacun d'écrire en temps voulu : sur le Net, on ne prend pas la place de l'autre. Chacun a son espace et son temps de parole. »

Faut-il rappeler combien l'accélération folle du rythme de nos vies, en quelques décennies, est peut-être la plus grande révolution vécue à son corps défendant par l'homme de la post-modernité ? Le maillage de plus en plus serré de notre territoire national par les lignes du bien nommé TGV, et bientôt par le très haut débit, est, à ce titre, moins anecdotique qu'il n'y paraît. Ces lignes, ferroviaires et téléphoniques, nous invitent à « prendre le temps d'aller vite », selon la belle formule de la SNCF, révélatrice du courant d'air du temps. Et nous sommes de plus en plus nombreux à vivre comme le lapin blanc d'Alice : toujours pressés, et toujours en retard.

Il est question des TIC ici, au cœur de la crise et de la révolution actuelles. Les TIC et ce qu'elles font aux communautés, à la culture, à l'orthographe – à la société, finalement. Il ne saurait être question de les rendre responsables de trop de maux pour autant. Ne boudons pas notre plaisir : le Net constitue une formidable ouverture sur le monde, la culture, les autres. C'est un outil progressiste, porteur d'émancipation et de libre expression. L'interdiction de l'accès aux réseaux est devenu le plus sûr baromètre démocratique. Ainsi, les deux Corée, du Nord et du Sud, ne sont pas logées à la même enseigne. Des deux côtés des barbelés se trouvent – singulier paradoxe – le pays le plus et le pays le moins connectés de la planète.

La « crise de la culture » actuelle a donc des causes plus profondes et des racines plus anciennes que l'émergence des réseaux et de la Toile, qui ont à peine dix ans.

Reprenons conscience que le XXe siècle a vu successivement émerger les « industries culturelles », puis la « culture-mosaïque » (A. Moles), enfin la « culture jetable », comme en prenait acte récemment *Télérama*, dans un dossier sans concessions. « Culture jetable » ? Cette expression est provocatrice, presque scandaleuse. Elle ne fait qu'exprimer une réalité crue : de plus en plus de « produits culturels » arrivent sur le marché[32] ; et surtout, l'arrivée du Net a complètement désacralisé et démonétisé l'art pour les jeunes générations. Désormais, on clique, on télécharge ou on « copie-colle », pour tester quelques minutes, et zapper ce qui passe et lasse, ce qui « n'accroche pas » tout de suite. La construction sociale et médiatique du jugement esthétique n'est souvent plus qu'affaire de *feeling*.

Cette lente évolution trahit d'abord une crise qui affecte les institutions traditionnelles de transmission, l'école et la famille. Ce n'est rien de dire

32. La « rentrée littéraire » est tout à fait révélatrice de cette tendance, avec ses centaines de romans, déclassés quelques semaines après leur parution.

qu'elles traversent toutes les deux une zone de turbulences sévères, dont elles sortiront métamorphosées. Ainsi les statuts et les fonctions du prof et du père ont-ils évolué ces dernières années. Symbole révélateur : les enseignants, de plus en plus souvent, ne sont plus face à la classe, mais derrière l'épaule de l'élève, qui, lui, est devant l'écran. L'estrade n'est certes pas tout à fait un piédestal... Dans le même temps, le téléphone a connu une translation inverse : de l'oreille, il est passé devant les yeux.

LÉGITIME ET AMBIVALENT STRESS DES PARENTS

Face à l'engouement de leurs ados pour les TIC, nombre de parents sont déconcertés, voire inquiets. Rappelons que, pour la première fois, les enfants sont détenteurs d'un savoir, et finalement d'un pouvoir, qui leur échappe. Cela est très anxiogène. Comme l'explique Serge Tisseron, « ce qui inquiète les parents, ce n'est pas que l'enfant soit désocialisé et qu'il reste à la maison. Si c'était pour lire Victor Hugo ou démonter des moteurs – ils ne s'affoleraient pas – mais qu'il soit obnubilé par quelque chose qui leur échappe[33] ».

Selon un sondage de la Sofres déjà ancien (daté de 2002), près de 80 % des parents se disent inquiets de l'usage fait par les enfants d'Internet. L'angoisse des adultes vient du fait qu'ils pensent que leurs enfants en savent plus qu'eux sur Internet.

33. Cité par Christine Kerdellant et Gabriel Gresillon, dans *Les Enfants-Puce. Comment Internet et les jeux vidéo fabriquent les adultes de demain*, Denoël, Paris, 2003, p. 33.

Ils savent des choses différentes. Mais l'adulte doit garder son rôle d'éducateur. Or, ce rôle n'est plus assumé. L'ambivalence de beaucoup de parents vient de ce qu'en dépit de leurs craintes ils abandonnent les très jeunes aux écrans sous couvert que, quand ils *surfent*, « au moins, ils sont à la maison ». Et il arrive à 81 % des 8-10 ans de surfer seuls ! C'est octroyer à ces enfants plus de pouvoir familial et technique qu'ils n'en ont ; c'est les laisser potentiellement exposés à des contenus choquants ou violents ; et c'est surtout donner à l'enfant la grande liberté de « s'hyper-socialiser » hors du cercle domestique (cf. MSN), pour aller vers une « désocialisation douce » à la maison. Personne n'a le don d'ubiquité – sauf sur Internet – et les soirées passées enfermé(e) dans sa chambre à *chatter* sont autant d'échanges et de moments ritualisés partagés par la cellule familiale en moins. Et il y a plus de simple logique et de bon sens que d'esprit rétrograde dans ce constat.

DE LA CULTURE ET DE SES MÉTAMORPHOSES À L'ÈRE DES RÉSEAUX

En ce début de millénaire, la culture se trouve manifestement à un carrefour, à cause des réseaux, ou grâce à eux. Les contenus culturels, les modes de diffusion et de consommation évoluent, alors que des pratiques historiquement très valorisées comme la lecture sont battues en brèche.

En fait, un processus déjà ancien s'accélère actuellement. Et ni les médias audiovisuels depuis quelques décennies, ni Internet aujourd'hui, ne vont (trop) remettre en cause l'existence des musées ni la fréquentation des bibliothèques (qui ont eu la bonne idée de se rebaptiser *médiathèques*).

En revanche, le système culturel et dialectique porté par le livre est bousculé par des pratiques novatrices. L'édition universitaire traverse une crise grave, les étudiants lisent beaucoup moins, voire plus du tout, eux qui devraient lire plus que les autres.

Pour autant, qu'on se rassure, le livre a encore de beaux jours devant lui. Et puisque nous assistons actuellement à une migration massive de nombre de contenus culturels sur les réseaux, rappelons en aparté l'échec retentissant du « livre électronique ». Dans les hautes sphères culturelles de l'État, on pensait benoîtement il y a dix ans que l'homme de la rue se précipiterait sur ces « livres réservoirs » qu'il irait périodiquement recharger à des bornes, comme on va faire son plein d'essence. Mais d'évidentes raisons ergonomiques ont déclassé ce « livre qui tombe en panne », alors qu'il n'en était qu'au stade expérimental.

La crise traversée par le livre ne signifie donc pas sa disparition. Et la matérialité du livre n'est plus la condition *sine qua non* de la lecture. Roland Barthes rappelait en une formule subtile que, si « l'œuvre se tient dans la main, le texte se tient dans le langage[34] ». Le Net favorise les « propositions culturelles multiples », la découverte d'œuvres que l'on n'aurait indéniablement jamais

34. Roland Barthes, « De l'œuvre au texte », dans *Le Bruissement de la langue. Essais critiques IV*, éditions du Seuil, Paris, 1984, p. 73.

croisées. Et nombreux sont les internautes qui confient que le *surf* leur a permis de s'ouvrir à des artistes inconnus.

Quant aux passionnés monomaniaques, ils ont trouvé avec la Toile « l'arme fatale », l'outil magique leur permettant d'avoir un accès infini à leur *hobby* ; et d'échanger sur des forums avec tous ceux qui partagent le même violon d'Ingres.

Je le disais plus haut : la culture n'est pas une pure abstraction, l'émanation kantienne de l'air du temps. Elle dépend toujours des techniques d'une époque, ainsi que des réseaux (entre autres économiques) qui lui permettent de rencontrer ses publics.

Il faut alors autant mettre en garde contre les « multinationales de la culture numérique » et les marchands de communication, que se garder du passéisme. Et rappeler aux nostalgiques d'un « ordre ancien idéal » que l'ère de la plume d'oie et du papier vélin est révolue. Vraiment ignares, les jeunes... ? Ils écrivent de plus en plus, ayant toujours un clavier sous les doigts. Mais ils se racontent sur d'autres supports, sous d'autres formats et avec d'autres règles. Ils malmènent l'orthographe sur MSN et dans leurs textos. Pourtant – curieux paradoxe –, tous ceux que j'ai interrogés le déplorent et s'inquiètent des effets de tout cela sur leur rendement scolaire, et même « sur l'avenir de la langue française ».

Jérémie et ses amis sont culturellement ce que leurs parents, leurs profs et surtout leur époque – ses technologies et ses médias – ont fait d'eux. Ces enfants sont ceux de la télé, et maintenant du Net. La plupart d'entre eux ont grandi avec pour premier réflexe, dès le réveil, d'allumer la télévision et de saisir la Gameboy.

Ces jeunes ne sont pas moins intelligents que ceux des générations précédentes, s'ils sont indéniablement moins *cultivés*. Ils sont intelligents différemment. Ils rencontrent des difficultés de concentration, ont du mal à se plier aux règles de la dissertation ou à « entrer » dans un livre. Sauf à « avoir fait Louis-le-Grand », ils ne connaissent pas « *Rosa rosa rosam rosae rosae rosa* » ; Foucault, c'est Jean-Pierre avant d'être Michel ; et Barthes est un Simpson plus qu'un sémiologue grand décodeur des mythologies contemporaines. Ils ne réciteront jamais par cœur *Le Laboureur et ses enfants* de La Fontaine, pour gloser ensuite sur la sagesse des anciens, et les vertus de la lenteur dans le travail. Mais, parallèlement, ils possèdent une formidable intuition technologique et une créativité peu commune dès qu'ils ont un clavier sous les doigts. Ils jouent avec les techniques autant qu'avec la syntaxe, les identités, et tous ces petits fragments de culture que charrient les réseaux. Ils recomposent tout cela en des *patchworks* parfois incertains, mais qui expriment ce qu'ils aiment et ce qu'ils sont. Leur privilège – le savent-ils ? –, c'est de jouir d'un éclectisme vertigineux.

De l'autre côté des miroirs, et des écrans...

Quelles que soient les ambivalences de l'idéologie de la communication que j'ai (d)énoncées ici, il n'en reste pas moins que les TIC rencontrent un succès extraordinaire auprès des adolescents d'aujourd'hui. L'intérêt de consacrer un livre à ces ados résidait dans le fait qu'ils sont beaucoup plus équipés que leurs parents, et qu'ils ont une utilisation ludique et relationnelle de ces technologies qui est sans aucune mesure avec celle de leurs aînés. L'actualité de ces pages se justifie par la révolution culturelle qui est en train de s'opérer. Il importait ici d'en prendre acte. Tout en réaffirmant que c'est aux parents et aux enseignants de reconquérir le terrain qu'ils ont eux-mêmes perdu. Et, bien sûr, de contrôler le flux des connexions et de certains échanges ; de superviser le contenu de supports tels que les blogs et de permettre, aussi, aux jeunes de prendre un peu de distance, pour faire le lien entre la culture dite classique et les TIC.

Mais pourquoi ces nouvelles technologies leur *parlent*-elles tant, finalement ? Nous avons pu voir dans ces pages que les ados ont autant investi le Net, car il s'agit du royaume de la communication masquée. Les réseaux leur confèrent aussi une sorte de toute-puissance, en leur permettant une souveraine expression d'eux-mêmes.

Au quotidien, ces jeunes subissent la tyrannie de l'apparence. Or, pendant un temps imparti, les écrans font providentiellement *écran*. Ils sont des hygiaphones qui permettent d'échapper à la dictature du *look* ; quitte à retomber dans celle de la connexion permanente.

Mais les jeunes sont toutefois moins crédules que les adultes ne pourraient le penser. Tous les ados que j'ai interrogés dans le cadre de l'enquête menée pour écrire cet ouvrage ont même un vrai recul critique par rapport à leurs pratiques numériques. Ils sont conscients de la pression que leur imposent les opérateurs, ils ne sont pas dupes du conformisme de certaines pratiques comme le *chat* sur MSN ou les blogs. Ils dénoncent les effets de mode ou le caractère absurde qui consiste à télécharger des films qu'ils ne regardent pas. Ils évoquent même le temps passé – et perdu – devant l'écran. Et, après tout, il faut bien passer le temps d'une manière ou d'une autre, comme la génération précédente passait des heures au téléphone, ou zappait mollement devant des séries de seconde zone des après-midi entières.

Le thème des mondes doubles et des univers parallèles a toujours constitué une source d'inspiration très féconde pour la littérature destinée à la jeunesse. Alice et son pays des merveilles, Peter Pan l'éternel enfant qui virevolte dans les airs et se joue des contingences adultes... Sans oublier, pour le cinéma, *Matrix, Harry Potter* et maintenant *Narnia*, qui tous racontent les aventures de jeunes héros à qui le passage « de l'autre côté » confère des pouvoirs extraordinaires : quitter son corps, voler, changer d'identité, avoir accès à des savoirs cachés.

Pour la génération de Jérémie, qui cherche sa place dans un monde en mutation, la Toile constitue en fait cet univers souterrain et aérien à la fois, dans lequel ces jeunes s'attribuent des qualités magiques : tout savoir ou presque, voyager tout en restant assis chez soi, être « seuls ensemble », se délier du corps, du temps, de l'espace. Aller sur le Net revient alors pour eux à « passer de l'autre côté », à rejoindre cette utopie numérique au sein de laquelle les choses sont différentes de ce qu'elles sont dans la vraie vie. Juste un peu plus faciles et ludiques, finalement.

Le numérique est devenu en 2006, aux dires mêmes du chef de l'État[35], une absolue priorité pour notre pays. Le challenge qui attend maintenant ados et adultes est celui du partage de nouveaux codes, numériques mais aussi sociaux. Car tuyaux et réseaux ne sont rien sans les humains qui y mettent des contenus, et s'y rencontrent accessoirement. Les uns et les autres devront faire une partie du chemin et se retrouver, enfin, pour inventer une nouvelle socialité, par-delà les écouteurs, les claviers et les écrans. Tâche ardue et exaltante, qui nous mène tous ensemble, à très grande vitesse et en haut débit, vers la société du futur. Et déjà vers la France de demain.

35. Dans ses vœux à la nation, Jacques Chirac affirmait le 31 décembre 2005 que les deux priorités de la France pour les années à venir étaient précisément le numérique (en étant assez elliptique pour le reste) et l'énergie.

Lexique

Mon parti pris a été d'éviter d'employer des termes trop théoriques dans l'écriture de cet ouvrage de sociologie. Néanmoins, quelques termes techniques sont utilisés par la force des choses. Certains appartiennent d'ailleurs maintenant au langage courant. D'où ce lexique, qui propose des définitions aux notions suivies d'un astérisque dans ces pages.

ADSL :

Pour *Asymetric Digital Subscriber Line*, c'est-à-dire « ligne d'abonné numérique à débit asymétrique ». Il s'agit d'une technologie permettant de transporter des données numériques sur une ligne téléphonique classique et d'atteindre des débits de plusieurs centaines de Kbit/s. Les données sont transportées en employant un signal à fréquence élevée, qui ne vient pas empiéter sur les fréquences utilisées pour transmettre la voix, laissant la ligne téléphonique libre pour les appels.

Sur fond de guerre commerciale entre opérateurs, la généralisation de l'ADSL auprès du grand public (depuis 2001) a constitué une révolution sociale et culturelle. Celle-ci dépasse la simple technique, car elle entérine l'ère des connectés « H 24 ».

Blog :

Un blog (contraction de *web* et de *log*, « journal de bord », désormais *blogue* en français) est un site personnel permettant de s'exprimer librement sur sa vie, ses états d'âme, ses passions. Ces blogs sont régulièrement actualisés, et, surtout, leurs lecteurs peuvent y laisser des commentaires (des billets), qui apparaissent à l'écran. Le blog n'a de valeur que s'il est visité et commenté. Il est un outil d'expression personnelle autant que de communication, car il propose généralement des liens vers d'autres blogs.

La *blogmania* définit l'engouement suscité par les blogs, notamment auprès des adolescents. Quant à la *blogosphère*, elle désigne l'ensemble des blogs de la Toile.

***Chat* :**

Mot d'origine nord-américaine (*to chat*, « discuter »), définissant le dialogue électronique « en direct » (à prononcer « *tchate* »). Il s'agit de l'abréviation d'*Internet Replay Chat*, qui est le protocole technique permettant une conversation numérique synchrone.

Le *chat* est une pratique particulièrement cotée par les ados. Sur la plupart des plateformes de discussion, des listes précisent qui est connecté (pseudo, département, pays...). Et des possibilités existent de « filtrer » ses interlocuteurs, en fonction de critères d'âge, de sexe, de région...

Cyberculture :

Terme formé à partir de *cybernétique* et de *culture*, la cyberculture se définit comme l'ensemble de la production littéraire, cinématographique et artistique ayant pour support, thème ou objet les univers numériques. Les processus de collaboration intellectuelle et artistique émergeant d'Internet, la création multimédia et toutes les métaphores et attitudes ayant pour creuset des ordinateurs *a fortiori* interconnectés appartiennent à cette cyberculture. Elle s'est émancipée de ses origines techniques et informatiques, pour définir désormais une manière d'utiliser les technologies de l'information et de regarder le monde à travers elles.

« Cyber-addiction » (ou « techno-addiction ») :

Phénomène de dépendance à des pratiques numériques telles que jeux en réseau, *chat*, achat en ligne... La « cyber-addiction » se traduit par le malaise éprouvé par les personnes placées dans l'impossibilité momentanée de se connecter, autant que par la fréquence et la longueur de leurs séquences de connexion à Internet.

Internet :

Internet est le réseau mondial interconnectant des ordinateurs par différentes voies techniques, et permettant l'échange de données de différentes natures (textes, images fixes ou animées, sons...), entre des particuliers et/ou des institutions, ainsi que des systèmes de communication synchronisée (forums de discussion...).

Internaute :

Toute personne se connectant régulièrement à Internet, pour communiquer (par e-mails ou par *chat*), se documenter (via les moteurs de recherche), se divertir (jeux en réseau), ou effectuer des achats…

Jeu en réseau (ou *on line*) :

Il s'agit d'un jeu vidéo pratiqué par plusieurs joueurs dans le cadre d'un réseau, sur Internet (les MMORPG, pour *Massively Multiplayer Online RolePlaying Game*) ou en réseau local (les LAN, *Local Area Networks*).

Messagerie instantanée :

Il s'agit d'un mode de communication par ordinateur, qui permet d'échanger en temps réel avec un petit groupe d'amis, tous connectés en même temps. Beaucoup plus rapide que l'e-mail, plus intime que le *chat* classique, la messagerie instantanée, dont MSN Messenger, est particulièrement prisée par les ados. On peut adjoindre une *webcam* à la session, envoyer des photos, transmettre des vidéos…

MP3 :

Pour *Motion Picture Expert Group*. Il s'agit d'un format permettant de compresser de la musique (c'est-à-dire de réduire la taille du fichier), tout en conservant une très grande qualité, et de l'échanger sur Internet.

MMS :

Pour *Multimedia Message Service*. Service permettant d'envoyer et de recevoir sur son téléphone mobile des messages contenant du texte, mais surtout des images, du son, voire de courts clips. Ces MMS peuvent aussi être envoyés sur une adresse e-mail.

Moteur de recherche :
Logiciel de recherche d'informations sur Internet, à partir de mots-clefs, le moteur de recherche se chargeant lui-même de retrouver tous les sites Web contenant de l'information sur le sujet choisi.

« Net » :
Abréviation d'Internet, communément employée (avec une majuscule) pour désigner le Réseau : « aller sur le Net », « surfer sur le Net »...

NTIC (ou TIC) :
(Nouvelles) technologies d'information et de communication. Cette « nébuleuse multimédia » recouvre tous les médias apparus depuis une quinzaine d'années environ, couplant les progrès de la téléphonie et de l'informatique. Par « machines à communiquer », nous entendons dans ces pages les technologies se fondant sur le principe numérique et la possibilité d'interconnexion.

Au premier rang de ces TIC (de moins en moins nouvelles), on trouve Internet et les dernières générations de téléphones mobiles qui offrent une multitude de services, dont l'accès aux réseaux. Les TIC constituent une sphère aux frontières floues, car elles sont en perpétuelle évolution. Ainsi de plus en plus de services sont-ils disponibles sur de plus en plus de supports.

Nerd :

Ce terme d'argot définit un jeune timide et asocial, qui passe un temps excessif devant son ordinateur, passionné qu'il est par la technique, et notamment l'informatique. Dans les caricatures, le *nerd* est souvent représenté outre-Atlantique avec de grosses lunettes, de l'acné, et une canette de soda à côté de l'écran.

P to P :

Pour *peer to peer*, ou pair à pair. Il s'agit de l'échange de données (sons, images...) entre internautes, sans passer par un serveur Internet.

Phatique :

Adjectif forgé à partir du verbe grec signifiant « parler ». Désigne le fait « de parler pour parler ». Les conversations de convenance autour « de la pluie et du beau temps » sont habituellement considérées comme phatiques. Par extension, sur le Net, les séquences phatiques sont celles durant lesquelles on s'exprime « juste pour s'exprimer » et pour manifester sa présence, comme dans le *chat*. Les Canadiens expriment bien cela, par l'explicite *babillard*.

Pseudo :

Le pseudo est le surnom que l'on emprunte pour se rendre sur un forum de discussion, une messagerie instantanée ou un jeu *on line*. Il est une sorte de masque, condition *sine qua non* pour exister « en ligne ».

Réseau :

Communément, le principe du réseau sous-entend l'idée de connexions (et plus précisément d'interconnexions), de relations, qui peuvent être de différentes natures : sociales, techniques ou technologiques... Écrit avec une majuscule, le mot « Réseau » est habituellement employé par les médias et le grand public comme un synonyme d'Internet.

Réticulaire :

Il s'agit de l'adjectif dérivant du mot « réseau ». Une organisation *réticulaire* est donc une organisation « en réseau ». La culture numérique des ados est réticulaire, en ce sens qu'elle se fonde sur une interconnexion généralisée, et la circulation permanente d'informations de toute nature.

***Smiley* (ou « iconicon », ou « émoticon ») :**

Système graphique permettant d'exprimer des sentiments et des émotions sur Internet et les SMS, en couplant différents signes de ponctuation. Ce code est communément employé par les internautes, notamment sur les messageries instantanées.

SMS :

Pour *Short Message System*. Aussi appelé texto. Court message écrit que l'on peut composer et envoyer via un téléphone portable (ou Internet), à lire sur écran. Les ados, fans de SMS, ont mis au point un code « parlécrit » adapté à la pauvreté technique et sémantique de ce vecteur. Ce « parler texto » se fonde sur la combinaison de lettres, de chiffres et de signes de ponctuation permettant d'exprimer des émotions (les *smileys*). Il s'est exporté sur le Net.

Téléchargement :
Le téléchargement définit l'opération de transmission d'informations (images, sons, vidéos) d'un ordinateur à un autre via le Réseau. L'utilisateur « rapatrie » (selon l'expression consacrée) sur sa machine des fichiers qui proviennent du serveur qu'il consulte.

TIC (pour technologies d'information et de communication) :
Voir NTIC.

Toile :
Écrit avec une majuscule, ce mot est à entendre tout à la fois comme le synonyme et la métaphore d'Internet.

Web :
Ensemble des services proposés par Internet, tout à la fois commerciaux, culturels, techniques et sociaux, plus largement.

***Webcam* :**
Petite caméra numérique connectée à l'ordinateur et au réseau, permettant de *chatter* en joignant son image vidéo (voire sa voix : le *dial* vocal) à l'écrit.

***Wifi* :**

Pour *Wireless Fidelity*. Le *WiFi* est une technologie permettant, sans aucune connexion câblée et à haut débit, d'accéder à ses e-mails et de naviguer sur Internet, avec un ordinateur portable. De plus en plus de lieux publics (gares et aéroports, mais aussi chaînes de restauration…) autorisent ainsi la connexion *Wifi* à toutes les personnes équipées pour cela.

Bibliographie

BALANDIER Georges, *Le Grand Dérangement*, PUF, Paris, 2005.

BERA Michel et MECHOULAN Éric, *La Machine Internet*, Odile Jacob, Paris, 1999.

BOUVIER Pierre, *Le Lien social*, Gallimard, Paris, 2005.

BRETON Philippe. *La Tribu informatique*, Métaillé, Paris, 1990.

—, *L'Utopie de la communication*, La Découverte, Paris, 1992.

—, et PROULX, Serge. *L'Explosion de la communication. La naissance d'une nouvelle idéologie*, La Découverte, Paris, 1994.

—, *Le Culte d'Internet*, La Découverte, Paris, 2001.

CHANTEPIE Philippe et LE DIBERDER Alain, *Révolution numérique et industries culturelles*, La Découverte, Paris, 2005.

CIVIN Michael, *Psychanalyse du Net*, Hachette Littérature, Paris, 2000.

CLERGET Stéphane, *Ils n'ont d'yeux que pour elle. Les enfants et la télé*, Fayard, Paris, 2002.

DE ROSNAY Joël, avec la collaboration de Caro REVELLI, *La Révolte du pronétariat. Des mass media aux médias de masse*, Fayard, Paris, 2006.

FIZE Michel, *Les Adolescents*, Le Cavalier bleu, Collection Idées reçues, Paris, 2002.

FLICHY Patrice, présentation du numéro 77 de *Réseaux*, « Les usages d'Internet », 1996.

—, *L'Imaginaire d'Internet*, La Découverte, Paris, 2001.

FUSARO Magda, *Un monde sans fil. Les promesses des mobiles à l'ère de la convergence*, Presses de l'université du Québec, Sainte-Foy, Canada, 2002.

GUICHARD Éric (sous la direction de), *Comprendre les usages de l'Internet*, éditions de la rue d'Ulm, Paris, 2001.

GUILLAUME Marc, *L'Empire des réseaux*, Descartes et Cie, Paris, 1999.

HARVEY Pierre-Léonard, *Cyberespace et communautique. Appropriation. Réseaux. Groupes virtuels*, Presses de l'université de Laval, Laval, 1995.

HENNO Jacques, *Internet*, Le Cavalier bleu, Collection Idées reçues, Paris, 2002.

JAUREGUIBERRY Francis et PROULX Serge, *Internet, nouvel espace citoyen ?*, L'Harmattan, Paris, 2003.

JAUREGUIBERRY Francis, *Les Branchés du portable*, PUF, Paris, 2003.

JEANNENEY Jean-Noël, *Quand Google défie l'Europe. Plaidoyer pour un sursaut*, Mille et une nuits, Paris, 2005.

JOUËT Josiane, « Une communauté télématique : les Axiens », dans *Réseaux* n° 38, pp. 49-66, 1989.

KERDELLANT Christine et GRESILLON Gabriel, *Les Enfants-Puce. Comment Internet et les jeux vidéo fabriquent les adultes de demain*, Denoël, Paris, 2003.

KRAUT Robert et LUNDMARK Vicky, « Internet Paradox. A Social Technology that reduces Social Involvement and Psychological Well-Being ? », *American Psychologist, APA Journals*, 2000.

LAHIRE Bernard, *La Culture des individus. Dissonance culturelle et distinction de soi*, La Découverte, Paris, 2004.

LARDELLIER Pascal (sous la direction de), revue *Degrés*, « Penser le multimédia », n° 95, Bruxelles, 1998.

—, *Le Cœur Net. Célibat et amours sur le Web*, Belin, Paris, 2004.

LATZKO-TOTH Guillaume, « À la rencontre des tribus IRC », mémoire de maîtrise en sciences de la communication, université du Québec à Montréal, Canada, 1998.

LE DIBERDER Alain et Frédéric, *L'Univers des jeux vidéo*, La Découverte, Paris, 2000.

LELEU Pascal, *Sexualité et Internet*, L'Harmattan, Paris, 1999.

LEVY Pierre, *L'Intelligence collective. Pour une anthropologie du cyberspace*, La Découverte, Paris, 1994.

LOWENSTEIN William, *Ces dépendances qui nous gouvernent. Comment s'en libérer... ?*, Calmann-Lévy, Paris, 2005.

MOATTI Michel, *La Vie cachée d'Internet. Réseaux, accros, tribus*, Imago, Paris, 2002.

MELOT Michel et LARDELLIER Pascal, *Demain le livre ! Les métamorphoses du texte*, L'Harmattan, Paris, 2006.

PASQUIER Dominique, *Cultures lycéennes. La tyrannie de la majorité*, La Découverte, Paris, 2005.

PERRIAULT Jacques, *La Logique de l'usage. Essai sur les machines à communiquer*, Flammarion, Paris, 1989.

POLONY Natacha, *Nos enfants gâchés. Petit traité sur la fracture générationnelle*, J.-C. Lattès, Paris, 2005.

PROULX Serge, *La Révolution Internet en question*, éditions Québec Amérique, Montréal, 2004.

RHEINGOLD Howard, *Les Communautés virtuelles*, Addison Wesley, Paris, 1995.

—, *Foules intelligentes. La révolution qui commence*, M2 éditions, Paris, 2005.

SFEZ Lucien et COUTLEE Gilles (avec la participation de Pierre MUSSO), *Technologies et symboliques de la communication*, colloque de Cerisy, Presses universitaires de Grenoble, 1993.

TISSERON Serge, *Petites mythologies d'aujourd'hui*, Aubier, Paris, 2000.

TURKLE Sherry, *Les Enfants de l'ordinateur*, Denoël, Paris, 1986.

VALLEUR Marc et MATYSIAK Jean-Claude, *Sexe, passion et jeux vidéo. Les nouvelles formes d'addiction*, Flammarion, Paris, 2003.

VANEIGEM Raoul, *Avertissement aux écoliers et lycéens*, Mille et une nuits, Paris, 1995.

WOLTON Dominique, *Internet, et après... ? Une théorie critique des nouveaux médias*, Flammarion, Paris, 1999.

Table

Achevé d'imprimer en mars 2006
par **Bussière**
à Saint-Amand-Montrond (Cher)
pour le compte de la librairie Arthème Fayard

35-57-2917-9/01

ISBN 2-213-62717-7

Dépôt légal : mars 2006.
N° d'édition : 68289. – N° d'impression : 060859/4.

Imprimé en France